Brasileiras guerreiras da paz

1000 Mulheres para o Prêmio Nobel da Paz 2005

Coordenação Brasil

Coordenadora do projeto

Clara Charf

Coordenadora de comunicação

Patrícia Negrão

Equipe de apoio

Ana Paula Borges

Patricia Menezes

Comitê executivo

Fátima Pacheco Jordão

Jacira Melo

Laura Greenhalgh

Maria Betânia Ávila

Maria Moraes

Mariluce Moura

Sueli Carneiro

Vera Vieira

Comissão de seleção

Albertina Costa (socióloga)

Branca Moreira Alves (advogada)

Clarice Herzog (publicitária)

Fátima Pacheco Jordão (jornalista)

Ignácio Loyola Brandão (escritor)

Leonardo Boff (escritor)

Lúcia Xavier (assistente social)

Luiza Bairros (socióloga)

Maria Betânia Ávila (socióloga e pesquisadora)

Mariluce Moura (jornalista)

Sueli Carneiro (filósofa)

Clara Charf
(coordenadora)

Brasileiras guerreiras da paz

Textos
Carla Rodirgues
Fernanda Pompeu
Patrícia Negrão

Copyright © 2006 Clara Charf

Todos os direitos desta edição reservados à
Editora Contexto (Editora Pinsky Ltda.)

Capa
Moema Cavalcanti

Projeto gráfico
Antonio Kehl

Diagramação
Veridiana Magalhães

Revisão
Alicia Klein

Dados Internacionais de Catalogação na Publicação (CIP)
(Câmara Brasileira do Livro, SP, Brasil)

Brasileiras guerreiras da paz : Projeto 1.000 mulheres / Clara Charf coordenadora. 3. ed. – São Paulo : Contexto, 2017.

Bibliografia.
ISBN 978-85-7244-319-7

1. Mulheres – Biografia 2. Projeto 1.000 Mulheres – História
I. Charf, Clara.

05-9781   CDD-981

Índice para catálogo sistemático:
1. Projeto 1.000 Mulheres : História 981

2017

EDITORA CONTEXTO
Diretor editorial: *Jaime Pinsky*

Rua Dr. José Elias, 520 – Alto da Lapa
05083-030 – São Paulo – SP
PABX: (11) 3832 5838
contexto@editoracontexto.com.br
www.editoracontexto.com.br

Proibida a reprodução total ou parcial.
Os infratores serão processados na forma da lei.

Sumário

Apresentação 7
Albertina Duarte Takiuti 11
Alzira Rufino 15
Ana Maria Machado 19
Ana Montenegro 23
Benedita da Silva 27
Concita Maia 31
Creuza Maria Oliveira 35
Eliane Potiguara 39
Elizabeth Teixeira 43
Elza Berquó 47
Elzita Santa Cruz Oliveira 51
Eva Alterman Blay 55
Fátima Oliveira 59
Givânia Maria da Silva 63
Heleieth Saffioti 67
Helena Greco 71
Heloneida Studart 75
Jacqueline Pitanguy 79
Joênia Batista de Carvalho 83

Jurema Batista 87
Lair Guerra de Macedo 91
Leila Linhares Barsted 95
Lenira Maria de Carvalho 99
Luci Teresinha Choinacki 103
Luiza Erundina de Souza 107
Mãe Hilda Jitolu 111
Mãe Stella de Oxóssi 115
Maninha Xukuru 119
Mara Régia Di Perna 123
Margarida Genevois 127
Maria Amélia de Almeida Teles 131
Maria Berenice Dias 135
Maria José de Oliveira Araújo 139
Maria José Rosado Nunes 143
Marina Silva 147
Mayana Zatz 151
Moema Viezzer 155
Niède Guidon 159
Nilza Iraci 163
Procópia dos Santos Rosa 167
Raimunda Gomes da Silva 171
Rose Marie Muraro 175
Ruth de Souza 179
Schuma Schumaher 183
Silvia Pimentel 187
Sueli Pereira Pini 191
Therezinha Zerbini 195
Vanete Almeida 199
Zenilda Maria de Araújo 203
Zezé Motta 207
Zilda Arns Neumann 211
Zuleika Alambert 215
1000 Mulheres para o Prêmio Nobel da Paz 2005 219
Pelo fim das discriminações de gênero 221

Apresentação

por *Clara Charf*

O *Projeto 1000 Mulheres* nasceu e cresceu sob o signo de vários atrevimentos. Entre eles, o de propor ao Comitê do Prêmio Nobel da Paz, sediado em Oslo, a inscrição coletiva de mil mulheres de todo o mundo. Outro atrevimento foi o de alargar o conceito de luta pela paz, compreendendo-a como segurança humana, ou seja, poder morar, comer, se desenvolver, se educar, se comunicar com qualidade. Conceito, aliás, defendido pela Organização das Nações Unidas (ONU).

Talvez tenha sido ousadia demais. O fato é que o *Projeto 1000 Mulheres* não ganhou o Prêmio Nobel da Paz 2005. Ele foi outorgado para a Agência Internacional de Energia Atômica e para seu diretor o egípcio Mohamed El Baradei. Mas, certamente, o *Projeto* abriu e seguirá abrindo canais e sensibilidades em prol da divulgação dos trabalhos pela paz, tecidos no dia a dia, pelas mil indicadas. Assim como reconhecerá os esforços empreendidos por outros milhares de pessoas para a construção da paz no mundo.

O sonho de reunir mil nomes nasceu na Suíça, quando um grupo de ativistas pelos direitos humanos vislumbrou a beleza e a utilidade de mapear, nas grandes cidades e nas comunidades recônditas, mulheres lutando pela segurança humana. Sabendo que sonho bom é aquele que acontece, as suíças puseram a mão na massa e criaram a *Associação 1000 Mulheres para o Prêmio Nobel da Paz 2005*. Para fazer do atrevimento realidade, elas dividiram a tarefa com vinte coordenadoras em todo o mundo.

Eu tive a honra de ser convidada, a partir da indicação de várias pessoas, para coordenar o *Projeto* no Brasil. Missão nada fácil, considerando a escassez de recursos materiais, o tamanho do país e a premência do tempo. Minha primeira ação foi a de organizar um Comitê Executivo, com mulheres

Brasileiras

altamente reconhecidas em suas organizações e profissões. As valorosas companheiras do Comitê Executivo discutiram comigo, pauta a pauta, como estruturaríamos a empreitada.

Na sequência, formamos uma equipe enxuta e fomos aos desafios. O primeiro: fazer chegar ao maior número de pessoas, em todo o Brasil, a notícia do *Projeto* e, a partir daí, receber as indicações. Foram inestimáveis as colaborações de organizações de mulheres, sindicatos, universidades, organizações governamentais e não governamentais, pessoas físicas que, além de diversos apoios, dispararam correios eletrônicos para milhares e milhares de destinatários.

Contando, também, com a ajuda da mídia, recebemos a indicação de 262 nomes, vinda da quase totalidade dos estados brasileiros.

Tantos nomes originaram um problema: eleger, entre mulheres com trabalhos notáveis, as 52 finalistas – cota estipulada pelas suíças para o Brasil. Nesse momento, entrou em cena a Comissão de Seleção, composta por mulheres e homens representativos de várias instâncias da vida brasileira. Em um trabalho sério e transparente, a Comissão selecionou as 52 brasileiras que, ao lado de 948 mulheres de 153 países, concorreram coletivamente ao Prêmio Nobel da Paz 2005.

Para entrevistar cada uma delas e escrever seus perfis, as jornalistas Carla Rodrigues, Fernanda Pompeu e Patrícia Negrão subiram e desceram de aviões, cruzaram rios e avenidas. Visitaram morros, aldeias, terreiros, quilombos. Mais tarde, os fotógrafos Nair Benedicto e Bob Wolfenson se juntaram à aventura. Mas a história do *Projeto* não terminará com a publicação do livro. As ativistas suíças, ao lado das vinte coordenadoras, propõem a criação de uma rede internacional que tornará possível a conexão entre as indicadas, e a convergência de realizações e de novas propostas pela paz no mundo.

Brasileiras guerreiras da paz (Projeto 1000 Mulheres) traz fotos e perfis de 52 compatriotas que fazem do seu dia a dia uma luta aguerrida pela segurança humana. Elas são diversas como o país. Negras, brancas, indígenas, idosas, maduras, jovens. Doutoras e com poucas letras. Do campo e da cidade. Elas também representam milhares de outras mulheres empenhadas em fazer na ciência, na arte, na academia, nas organizações, nos quilombos, no campo, nas aldeias indígenas, nas metrópoles, nas periferias, no planalto central um Brasil mais equânime.

Oxalá os leitores e as leitoras apreciem as histórias de vida e de trabalho contadas nesse livro que ora vem à luz.

Apresentação

Em 1945, Clara Charf começou um caminho árduo em defesa da paz. Participou dos protestos contra a bomba atômica durante a Guerra Fria e de vários Congressos em prol da paz. Na década de 1950, lutou contra o envio de soldados brasileiros para Guerra de Coreia.

Com o Golpe Militar de 1964, teve seus direitos políticos cassados, conheceu a clandestinidade, perdeu o companheiro Carlos Marighella, assassinado em 1969. Viveu no exílio por quase dez anos e só pôde retornar ao Brasil com a Anistia.

Hoje, aos 80 anos, segue lutando por um mundo mais justo e mais feliz. Participa da Comissão de Mortos e Desaparecidos Políticos. Integra a Secretaria de Relações Internacionais do Partido dos Trabalhadores. Também atua no Conselho Nacional dos Direitos da Mulher, vinculado à Secretaria Especial de Políticas para Mulheres da Presidência da República.

Além do patrocínio da Natura e da Petrobras, agradecemos o inestimável apoio das seguintes organizações: Central Única dos Trabalhadores (CUT), Centro Cultural São Paulo, Ford Foundation, Fundo de Desenvolvimento das Nações Unidas para a Mulher (UNIFEM), Geledés – Instituto da Mulher Negra, Instituto Patrícia Galvão – Comunicação e Mídia, Rede Mulher de Educação, Rubens Naves, Santos Jr., Hesketh – Escritórios Associados de Advocacia, Secretaria Especial de Políticas para as Mulheres (SPM) e The Global Fund for Women.

Bob Wolfenson

Albertina Duarte Takiuti

por *Fernanda Pompeu*

A cena poderia ser de película, mas foi impressa na vida real: uma família portuguesa, ao redor da mesa, na hora do jantar. Entre os comensais, uma menina mantém suspensos o garfo e a respiração ao ouvir o primo mais velho contar da guerra de Angola. Ele quase não lamenta um olho perdido, lamenta as atrocidades que o olho bom foi obrigado a ver. Nessa noite, os pais da menina decidiram: seus filhos não iriam morrer, vítimas do ditador Salazar, na África. A família cruzaria o Atlântico rumo ao Brasil.

A menina da cena tem nome: Albertina Duarte Takiuti. Nascida em 1946, ela é hoje uma das mais afamadas ginecologistas do país. Também é conhecida por sua estupenda capacidade de trabalho. Inúmeras vezes, sai de madrugada do consultório e, poucas horas depois, começa o expediente na Secretaria de Saúde do Estado de São Paulo. Não é qualquer expediente. Albertina coordena o Programa de Saúde do Adolescente, que trabalha a saúde integral dessa faixa etária. Criado em 1986, o Programa foi premiado, quatro anos depois, pela Organização Mundial de Saúde (OMS).

O que fez sua fama não foi tão somente a capacidade de trabalho. Seu nome corre a América Latina por conta de seu talento em ouvir, preferencialmente, os mais vulneráveis. Entre eles: meninas e mulheres quilombolas que, apenas agora, são apresentadas a "programas de saúde da mulher". Meninas e mulheres indígenas que, apenas agora, tomam contato com autoexames e o Papanicolau. Meninas e meninos que fazem sua estreia no amor e no sexo.

É uma sorte ser Albertina a coordenadora do Programa de Saúde do Adolescente e, também, do Disk Adolescente e da Casa do Adolescente, espaço de convivência. Sorte, porque Albertina e sua equipe – formada, entre outros, por médicos, psicólogos, assistentes sociais, fonoaudió-logos – veem os adolescentes como sujeitos de direitos. Incluindo o de sonhar e o de construir projetos de vida. "Não são apenas os jovens de classe média que têm direito ao planejamento de uma carreira. Garotas e garotos pobres também devem ter."

Exclusão econômica, negligências, intolerâncias – que atingem em cheio, e em particular, os adolescentes de baixa renda – são alguns dos problemas enfrentados pela equipe de Albertina Duarte. O mais recorrente deles é o da gravidez precoce. "Filho fora de hora não é projeto de vida, é falta dele." A maioria das mães adolescentes interrompem os estudos e, por consequência, entram com desvantagens no mercado de trabalho. A responsabilidade pela criação da criança também acaba caindo sobre os ombros das avós maternas.

O vilão da gravidez precoce não é exatamente a falta de informações acerca de métodos contraceptivos. "A maioria dos adolescentes sabem como evitar filhos." Albertina credita esse descompasso ao medo das meninas em exigir o uso da camisinha, e à resistência dos meninos em usá-la. Ela não se cansa de dizer que uma adolescente, ao negociar o uso da proteção, se tornará uma mulher guerreira. Já uma adolescente submissa terá todas as chances de se tornar uma adulta igualmente submissa.

Submissão, de qualquer tipo, causa horror em Albertina. Por não se submeter, durante os cavernosos anos da ditadura militar, ela se dispôs a atender perseguidas políticas brasileiras e das ditaduras vizinhas. Partos e cirurgias eram feitos de forma clandestina. As pacientes entravam no hospital com nomes falsos. Certa feita, em uma batida políticopolicial, ela escondeu uma mulher recém-operada dentro do banheiro. "Os agentes de segurança entraram no quarto e encontraram o leito vazio."

Talvez as novas gerações não imaginem o tamanho da coragem daqueles que peitaram o autoritarismo militar. A doutora Albertina, muitas vezes, pôs sua cabeça perto da guilhotina. "Se o tempo voltasse, faria tudo de novo." Ela considera inadmissível a vida sem liberdade política.

Ela também é uma pregadora. Não da *Bíblia*, mas dos direitos das mulheres e dos adolescentes. Aproveita todos os espaços disponíveis para propagar suas ideias. Aceita convites para falar nas emissoras de TV, de rádio ou nos bate-papos da internet. Ainda arranja tempo para escrever livros e curtir as companhias do marido e dos dois filhos.

Para ela, democracia, dignidade, cidadania cabem em três palavras: *igualdade de acesso*. A saúde pública de qualidade, entendida como um processo global, "ou é para todos ou não significa nada". Esse respeito pelo ser humano – independentemente das circunstâncias dele – é uma manifestação de amor. "Adoro ouvir as histórias das pessoas."

Albertina Duarte Takiuti é "três em uma". Ginecologista exemplar, sabe que saúde do corpo e história de vida andam juntas. Coordenadora de uma grande equipe, incentiva o trabalho coletivo. Gestora social competente, separa oportunismo político de políticas públicas.

Tantas qualidades talvez tenham sido plasmadas naquela noite longínqua, em que seu primo caolho, ao contar da guerra, fez o elogio da paz. Talvez germinaram no momento exato em que a pequena Albertina abaixou o garfo, soltou a respiração e decidiu quais seriam a régua e o compasso de sua vida.

Quanto custa um tanque de guerra? Um hospital

Marie Hippenmeyer/N Imagens

Alzira Rufino

por *Fernanda Pompeu*

Você já foi a Santos, cidade portuária, a 72 km de São Paulo? Então vá e, além de espiar o velho casario no centro, a praia do Zé Menino, os navios iluminados nas noites do oceano atlântico, aproveite para conhecer a Casa de Cultura da Mulher Negra. Criada em 1990, ela é referência para as mulheres em geral e para as mulheres negras em particular. É uma casa com axés, formada por eflúvios afro-brasileiros. Ao tocar a campainha, pode ser que você dê sorte e quem atenda seja a ialorixá Alzira Rufino – a "mãe guerreira". Aquela que, segundo suas palavras, "traz o espelho em uma das mãos e a espada na outra".

Alzira tem porte de rainha, não obstante ter nascido em uma casa de cômodos, em 1950. A urdidura de sua vida e a criação da Casa de Cultura da Mulher Negra não foram fáceis. Para abrir a casa, ela enfrentou a resistência dos conservadores de Santos que não concebiam uma organização de mulheres negras no tradicional bairro do Boqueirão e, muito menos, que a Casa trabalhasse no combate às violências doméstica e racial. Dois flagelos que a sociedade costuma empurrar para debaixo do tapete.

A outra resistência foi com relação ao nome da Casa. Veio da esquerda e de algumas feministas que preferiam "Casa de Cultura" ou simplesmente

"Casa da Mulher". Alzira bateu o pé: "Tinha que ter o nome *mulheres negras*". Tinha de ser no Boqueirão. Algo que desse máxima visibilidade, porque só podemos reconhecer aquilo que existe.

Além de orgulho, Alzira Rufino sente felicidade em ser mulher e negra. Ela enfatiza que seu feminismo e sua negritude vieram por necessidades. O feminismo – que é um jeito de ser, estar e sentir – veio da rebeldia. "Meu pai e meu irmão queriam mandar em mim. Nunca permiti." A negritude – consciência da raça e etnia – veio com o espírito abusado da mãe: "Ela me ensinou que não adiantava reclamar, o negócio era enxugar as lágrimas e ir à luta".

Quando a Casa de Cultura da Mulher Negra atendeu a primeira vítima com o corpo ferido e a alma macerada pelas facadas e pelo desamor do parceiro, Alzira começou a saldar a promessa, feita a si mesma, de trabalhar contra a violência doméstica. Tragédia presenciada na intimidade. Sua infância foi um ver e ouvir pancadarias entre o pai e a mãe. "Às vezes, eu e meu irmão acordávamos com a cama tremendo e o botijão de gás rodando feito pião."

Ela também saldou a promessa de trabalhar em prol das mulheres negras, historicamente postas na base da pirâmide socioeconômica. "Tapa e ameaça de homem doem na branca e na negra, mas a mulher negra tem menos acesso à rede de proteção."

Partindo da violência doméstica e da militância antirracista, a Casa conseguiu influir nas políticas públicas de gênero e de raça. Denúncias de maus tratos e racismo tinham endereço certo para chegar. Alzira Rufino passou a ser ouvida pela mídia de Santos e do país. Comunicadora nata, é editora da revista *Eparrei* (saudação para Iansã) que trata de feminismo, igualdade racial e cultura afro-brasileira. Poeta, ela sabe que o verbo é veneno e antídoto. É dela a famosa frase, que encanta jovens negras, "vamos produzir o show e assinar a direção".

Produzir caminhos e assinar os créditos é com ela mesma. A primeira mulher negra a receber o título de Cidadã Emérita da Cidade de Santos começou a trabalhar aos 7 anos recolhendo sucatas. Na sequência, foi empregada doméstica e auxiliar de cozinha em um hospital. Ao lado da labuta, com as próprias forças e com as dos orixás, se formou em enfermagem.

Sua batalha está presente em vários ambientes. Escolhida pelos movimentos populares, ela integrou a delegação não governamental brasileira na Conferência Mundial de Direitos Humanos da ONU (Viena, 1993). Essa Conferência foi um marco para o movimento feminista, pois nela os direitos das mulheres foram oficialmente reconhecidos como direitos humanos.

Direitos humanos, para Alzira Rufino, vai muito além de um conceito. Trata-se de algo tão concreto como a pele de um rosto. Trata-se da dignidade das pessoas e de seu acesso aos bens sociais, econômicos e culturais.

Com o espelho e a espada, Alzira Rufino tem um passado e um futuro de lutas. Entre suas preocupações atuais está a de capacitar novas gerações de mulheres negras para caminhar por estradas que ela abriu e para abrir outras pelas quais não caminhou.

Ela acredita que é preciso elevar a autoestima da raça negra, ocupando espaços na vida política, nas empresas, nas universidades. A Casa forma jovens negras para trilhar circunstâncias, de igual para igual, com as brancas. "Essas meninas não só não engolem mais sapos, como não permitem que eles cheguem à mesa."

Depois de ter conhecido a Casa de Cultura da Mulher Negra de Santos, você já pode voltar para a sua. Com certeza, voltará um pouco diferente. Com mais esperança de que o mundo possa mudar para melhor. Aliás, esperança é uma ferramenta de ouro para Alzira Rufino. É o que faz a rainha acordar todas as manhãs e, frente a tantas iniquidades, pular da cama.

O impossível demora um pouco mais, o possível fazemos agora

Dudu Cavalcanti/N Imagens

Ana Maria Machado

por *Carla Rodrigues*

Ela atende o telefone com um alô muito rápido e pede ao interlocutor que espere um instante. Passam-se alguns minutos e retoma o contato, agora já refeita do susto: "Fiquei com medo de as palavras fugirem". Foi assim, em busca das palavras certas, que a escritora Ana Maria Machado construiu seus 33 anos de carreira, durante os quais espalhou sua obra por 17 países, com 14 milhões de exemplares vendidos pelo mundo. O exercício dessa voz literária faz parte da rotina de Ana Maria, que dedica todas as manhãs a escrever ficção, numa prática de visitar esse espaço do inconsciente no qual a escritora acredita que viva a linguagem. "Escrever todos os dias dá a certeza de que, quando é preciso, a palavra certa vem."

Essa lida diária com a literatura faz com que Ana cultive a humildade e a docilidade. Mas que ninguém confunda: essa docilidade em relação ao fenômeno da escrita não a impede, em nada, de ser uma guerreira. Ela considera a literatura uma tentativa de ordenar o caos, de sintetizar o heterogêneo, de procurar o sentido da existência. "É preciso estar muito disponível para o seu inconsciente se manifestar."

A trilha de Ana Maria nas artes começou pela pintura. Estudou no Museu de Arte Moderna e fez exposições individuais e coletivas, enquanto cursava Letras na Universidade Federal do Rio de Janeiro. O objetivo

Brasileiras

era ser pintora mesmo, mas depois de doze anos às voltas com tintas e telas, resolveu que era hora de parar. Optou pelas palavras, embora continue pintando até hoje.

Presa pela ditadura militar em 1969, Ana Maria trocou o Brasil pela Europa levando na bagagem cópias de histórias infantis que estava escrevendo. Na França, terminou sua tese de doutorado em Linguística e Semiologia como aluna de Roland Barthes. O trabalho, que trata da obra de Guimarães Rosa, está publicado no livro *Recado do Nome*. Enquanto estudava, escrevia histórias infantis que vendia para o Brasil e ajudavam a pagar as contas.

De volta ao país, trabalhou como jornalista, lutou contra a censura e foi a primeira mulher a chefiar uma área de jornalismo. Esteve à frente do noticiário da rádio Jornal do Brasil até 1980, quando a abertura democrática começou. Nesse mesmo ano deixou o jornalismo e desde então se dedica aos livros, nos quais deixará marcas importantes: nas fichas catalográficas, no Brasil, se a autoria de um livro fosse de uma mulher, não era obrigatória a inclusão do ano de nascimento. Ana Maria liderou uma campanha para que fossem modificados os critérios da Biblioteca Nacional, exigindo para as mulheres o que a norma geral só tornara obrigatório para homens, o registro do contexto histórico de suas obras.

Ana Maria nasceu num tempo em que a presença das mulheres na literatura era insignificante. Hoje, sua obra está imortalizada na Academia Brasileira de Letras, da qual faz parte, como reconhecimento ao seu trabalho literário. Primeira autora infantojuvenil da academia, ela faz questão de ressaltar a importância desse lugar na sua luta contra o preconceito com as crianças – sempre vistas como um público de segunda categoria –, privilegiadas nos mais de cem livros que a escritora já publicou no país.

Em 1993, ela se tornou *hors concours* dos prêmios da Fundação Nacional do Livro Infantil e Juvenil (FNLIJ), em 2000 ganhou o prêmio Hans Christian Andersen, considerado o Nobel da literatura infantil mundial, e, em 2001, teve o conjunto da sua obra premiada pela Academia Brasileira de Letras com o maior prêmio literário nacional, o Machado de

Assis. O respaldo da ABL significa, para ela, um impulso para enfrentar o que considera enorme preconceito em relação à criança.

Sua militância vai além da literatura. Entre tantas atividades, uma ocupa Ana Maria há mais de vinte anos: a formação de professores nos países em desenvolvimento na América Latina. Organizadora de seminários para a Unesco sobre como preparar livros, ela faz palestras, conferências e promove cursos para educadores, sempre com o objetivo de valorizar a literatura e a educação e de contribuir para o pluralismo cultural e a tolerância. Ana Maria lembra que, nos países em desenvolvimento, a formação dos professores em geral é muito precária e improvisada. "Por isso é tão bom fazer essa aproximação do professor com o livro." Na área de não ficção, tem quatro livros de ensaios publicados sobre as relações entre leitura e política, que se somam a oito romances, vários deles premiados.

Para ela, a paz depende dessa capacidade de compartilhar culturas, etnias e religiões, de ser tolerante com o diferente. Neste aspecto, Ana Maria acredita que o Brasil tem grande contribuição a dar, como país no qual a tolerância cultural e religiosa é admirável. "As alternativas estão no fortalecimento de um pluralismo cultural. Mas todas as transformações passam pela justiça."

A ficção é um caminho para o outro

Aristides Alves/N Imagens

Ana Montenegro

por *Fernanda Pompeu*

1945 não foi um ano qualquer. Celebrou o término da Segunda Guerra Mundial e o fim de mais uma ditadura brasileira, a de Getúlio Vargas. Ano interessante: contra as carnificinas e os fascismos, a favor das liberdades e dos direitos políticos. Foi também o ano em que Ana Montenegro, nascida em 1915, filiou-se ao Partido Comunista Brasileiro (PCB). Ela, que já lutava pelo socialismo, tornou-se uma comunista "de carteirinha".

O casamento com o PCB foi feliz. Ana transitou com desenvoltura pelo léxico da esquerda, responsável pela popularização de palavras e expressões como "companheiro", "solidariedade", "compromisso", "luta de classes", "povo brasileiro". Também sentiu-se em casa com o engajamento partidá-rio, por ser dessas timoneiras que acreditam no *organizar-se* como única maneira de, contra ventos e tubarões, alcançar o porto sonhado. "Quero que as pessoas criem organizações para lutar contra as injustiças e resolver suas necessidades."

De fato, ela foi uma criadora de organizações. Inclusive de associações de mulheres, quando a maioria dos companheiros homens não levava a sério os esforços femininos pelas emancipações econômica e profissional. Ana foi uma das fundadoras da Federação de Mulheres do Brasil, criada em

Brasileiras

1949. Também ajudou a alavancar associações populares ligadas a um sem número de lutas sociais. Tornou-se figura de proa onde houvesse gente organizada reivindicando comida, saúde, moradia, educação, salários.

Tudo em Ana Montenegro, natural da cearense Quixadá, lembra o verbo agir. Para ela, o pensamento só tem valor se levar à prática. Começa por sua por sua definição do que é respeito: "Compreender as necessidades das pessoas". A consciência aguçada de que todos têm necessidades e merecem atenção, a levou a cursar Direito numa época em que pouquíssimas saias circularam pelas universidades. "Eu percebia as pessoas do povo vivendo com mil dificuldades, decidi ser advogada para ajudá-las com seus direitos."

Hoje, quando ultrapassou 90 anos de vida, Ana segue dando o mesmo conselho para jovens advogados: "Abram o coração de vocês para o povo, ele é o principal mestre do Direito". Com inabalável convicção, ela continua socialista "porque o socialismo prega a igualdade dos seres".

Que os apressados não concluam que Ana Montenegro é do tipo *tarefista*, entregue à ação sem muita reflexão. Bem ao contrário, além de visitar os filósofos gregos, Ana é amante das palavras vestidas de prosa e de poesia. "Creio que a expressão maior de uma pessoa é o poema." A comprovação é que ela escreveu sem parar em jornais e revistas ligados ao ideário comunista. Fundou e dirigiu, por dez anos, o jornal *Momento Feminino*. Foi redatora da revista *Mulheres do Mundo Inteiro*, editada em espanhol, francês, inglês, árabe e russo.

A ação fundada na palavra, a palavra grávida de ação. No Rio de Janeiro, escreveu para veículos de massa, colaborou no lendário *Correio da Manhã* e redigiu programas para a não menos lendária Rádio Mayrink Veiga.

Em 1964, com os tanques na rua e a truculência de farda à vista, aconselhada por Carlos Marighella – um dos mais famosos guerrilheiros do Brasil, assassinado pelos militares –, Ana partiu para o exílio de quinze anos. Foi para o México com dois filhos pequenos, Sônia e Miguel. Depois viveria em Cuba e na Alemanha Oriental. "O exílio é um espaço vazio, o exilado não o pode povoar nem de pedras, nem de casas, nem de céu, porque é um espaço vazio de lembranças."

Ana Montenegro voltou ao país de suas lembranças em 1979, por ocasião da anistia política. Escolheu morar na Bahia, onde fixou residência. Retornou para seguir fazendo o que sempre fez: agitação e mobilização populares. Apoiou "invasões" em bairros periféricos da cidade de Salvador. Lutou ao lado de moradores pobres do Centro Histórico Pelourinho, quando a região ficou à mercê da especulação imobiliário-turística.

Os anos de exílio fizeram Ana Montenegro repensar o Brasil. Ela adquiriu uma consciência política mais adensada. A luta antirracista e a favor dos direitos específicos das mulheres ganhou sentido maior. Passou a fazer atendimento jurídico às mulheres em situação de violência na Ordem dos Advogados do Brasil (OAB/Bahia), além de participar das propostas para a última constituinte brasileira.

Na casa de Salvador, cidade onde o mar prova que o horizonte não é miragem, ao lado dos netos, Ana escreveu poemas, ensaios, prosa farta. Entre os títulos, *Tempos de Exílio* e *Pelourinho – entre o Colorido das Paredes e a Injustiça Social*. Também escreveu, com Jardilina de Santana Oliveira, o livro *Falando de Mulheres*.

Sobram atributos relacionados a Ana Montenegro. Mulher da ação e da palavra. Ela, que atravessou e foi atravessada por quase um século de história política, insiste em recitar versos: "Flores no céu/flores na terra./Flores nos teus ombros/flores no teu rosto./Flores em todos os locais/flores até em agosto".

Aos 90 anos, a gente tem muito o que contar. Escolher o que é que são elas

Dudu Cavalcanti/N Imagens

Benedita da Silva

por *Carla Rodrigues*

O percurso que separa o Leme do Posto Seis, as duas extremidades da Praia de Copacabana, tem 6 km de extensão e ostenta um dos mais belos cenários cariocas. Era nesse contraste entre a beleza da paisagem e a miséria da sua realidade que, a cada dois dias, a menina Bené buscava água em latões, que carregava na cabeça. Ela nasceu negra e pobre, numa favela que não existe mais – Praia do Pinto –, cresceu e foi criada numa segunda favela – Chapéu Mangueira –, onde morou por 57 anos.

Benedita da Silva, ou apenas Bené, vendeu limão e amendoim na infância, para ajudar no sustento da família. Aos 7 anos, foi estuprada. Catou comida no lixo, muitas vezes sobreviveu das sobras do que seria dado aos porcos e perdeu um filho para a fome. Enterrou-o como indigente.

No curso de uma trajetória marcada pela superação, em 2002 assumiu o governo do Rio de Janeiro, sendo a primeira mulher a governar o estado. Sua carreira pública começou bem antes, na década de 1980, com a fundação e a presidência da Associação das Mulheres do Chapéu Mangueira. Começava ali, como uma das primeiras mulheres a presidir uma associação de moradores de favela, uma longa trilha de pioneirismo na luta contra a discriminação racial e social, a xenofobia e a intolerância religiosa. Tornou-se referência entre negros e excluídos.

Brasileiras

Pai lavrador, mãe lavadeira e parteira – atividade que inspirou Benedita a trabalhar como auxiliar de enfermagem. Foi com emprego de enfermeira num hospital público que pôde estudar e concluir o curso de Serviço Social em 1982. Criada com catorze irmãos, é a única da família que concluiu curso universitário. Naquele mesmo ano conseguiu seu primeiro mandato como vereadora pelo Partido dos Trabalhadores, tornando-se a primeira mulher negra e favelada a ocupar um cargo político no país. Seu encontro com o PT aconteceu logo na fundação. A amargura e a desesperança da situação em que vivia a faziam desconfiar muito dos políticos de então, mas a proposta do partido a inspirou a buscar filiados na favela. Foi a única vereadora do PT eleita naquele ano. "A luta de Lula nos deu autoestima."

Nos anos seguintes, elegeu-se deputada federal duas vezes. Fato que se tornou um de seus grandes orgulhos ocorreu na posse para o primeiro mandato de deputada federal, em 1986. Foi diplomada ao lado de Márcia Kubitschek, filha de Juscelino. Quando Bené era menina, sua mãe foi contratada como passadeira pela família Kubitschek. Corriam os anos 1950 e Juscelino era candidato à presidência da República. Benedita ajudava entregando as camisas na casa da família Kubitschek. "Nunca pensei na minha vida que fosse parar em Brasília." Foi: Bené é a primeira mulher negra eleita para o Senado, em 1994, com mais de dois milhões de votos, e ocupou ainda o ministério da Assistência Social por um ano.

A militância política começou ao mesmo tempo em que lutava por condições de vida mais dignas, fosse como enfermeira, fosse como vendedora de produtos de beleza de porta em porta. Até começar sua mobilização política, era uma mulher calada. "Como tantas outras milhares de mulheres negras que são oprimidas pela pobreza e pela falta de voz na sociedade." Por isso, seu trabalho comunitário sempre esteve direcionado para a atenção às mulheres negras, que não tinham o direito de votar nas reuniões comunitárias.

A carreira política de Benedita apresenta como marca a defesa das causas das mulheres e dos negros. E sua atuação no Congresso é pautada por iniciativas em defesa dos direitos das mulheres negras – como o reconhecimento da profissão de empregada doméstica – e a criação do Dia Nacional da Consciência Negra, que homenageia o herói Zumbi dos Palmares em 20 de novembro, contribuindo para a valorização do negro na sociedade brasileira. Bené destaca-se, ainda, por ser autora de importantes projetos de lei incluídos na Constituição: a licença-maternidade de 120 dias, a proibição de diferença de salários entre homens e mulheres e o direito das presidiárias a permanecerem com seus filhos durante a amamentação. Um dos motores principais para tanta determinação é a fé – convertida para a Assembleia de Deus na juventude, Bené conta que tinha perdido a crença em tudo. "Cheguei até a pensar em acabar com a vida."

O sorriso aberto e fácil, o gosto pela culinária e a família formada pelos dois filhos e quatro netos indicam que não só os tempos de tristeza ficaram para trás, como hoje Bené demonstra ser uma mulher sem qualquer ressentimento de um passado tão sofrido. Sentir-se merecidamente vitoriosa faz parte da sua força cotidiana para continuar lutando. Desde 2005, a mulher negra da favela do Chapéu Mangueira dedica-se à criação da Fundação Benedita da Silva, que tem como meta principal atender socialmente às famílias de baixa renda no Brasil e no exterior.

Sempre sonhei em promover uma sociedade mais justa

Paula Simas/N Imagens

Concita Maia

por *Patrícia Negrão*

Filha de pai índio e mãe branca, a acreana Concita Maia cresceu remoendo a história da avó materna. Capturada numa aldeia dentro da floresta, a avó foi marcada no braço com as iniciais do homem que lhe roubara a liberdade e dada de presente a outro branco, com quem teve vários filhos, entre eles o pai de Concita.

A educação popular foi o meio encontrado por Concita para retirar mulheres como a avó da "invisibilidade". Formada em Pedagogia, com mestrado em Educação, ela leva o conhecimento adquirido nas universidades para dentro da floresta amazônica. Dá cursos sobre saúde, sexualidade, meio ambiente, geração de renda, desenvolvimento sustentável e cidadania para mulheres que moram em locais distantes e de difícil acesso. Mulheres que, não raro, sequer constam dos dados populacionais do Instituto Brasileiro de Geografia e Estatística (IBGE). "São mulheres fortes, sobreviventes apesar da inexistência de políticas públicas voltadas para elas."

Em suas viagens floresta adentro, Concita foi conhecendo parteiras, agricultoras, seringueiras, quebradeiras de coco babaçu, erveiras, pescadoras, artesãs. "Invisíveis para a sociedade, elas vivem excluídas de seus direitos como cidadãs." Muitas não possuem qualquer tipo de documento que as

Brasileiras

identifique e não têm acesso a direitos trabalhistas, a escolas para os filhos, a serviços básicos de saúde.

Há mais de três décadas, Concita trabalha intensamente para mudar essa realidade. Ela é uma das fundadoras e atual coordenadora-executiva do Movimento Articulado de Mulheres da Amazônia (MAMA), uma organização não governamental feminista e ambientalista criada para unir e fortalecer as mulheres dos nove estados da Amazônia Legal: Acre, Amazonas, Amapá, Maranhão, Mato Grosso, Pará, Rondônia, Roraima e Tocantins.

Nos encontros promovidos pela entidade, Concita e sua equipe levam informações e sobretudo vivenciam e valorizam a troca de experiências que as mulheres da floresta adquirem das ancestrais e acumulam na luta diária. "Elas sempre têm muito a ensinar." Hoje, o MAMA conta com cerca de 120 grupos de índias, negras e brancas nos nove estados.

A atuação de Concita na Amazônia adentro começou no final dos anos 1970. Separada do primeiro marido, ela foi viver com o filho mais velho, então com 7 anos, numa aldeia do povo kaxinawá, na região do Alto Juruá, fronteira com o Peru. Permaneceu lá um ano e implantou a primeira escola indígena do Acre.

Quando retornou da aldeia, Concita uniu-se aos movimentos de mulheres que, no início da década de 1980, estavam se formando no Acre. Iniciou então um trabalho de alfabetização e conscientização de direitos com as lavadeiras da periferia de Rio Branco e, a seguir, com as concreteiras – mulheres que quebravam concreto para construir ruas de Rio Branco. "Eu trabalhava na cidade, mas não me esquecia das mulheres da floresta."

Cada vez mais envolvida com a militância feminista e ambientalista, em 1984 Concita criou, com outras ativistas, o Movimento de Mulheres do Acre (MMA). Promoviam encontros com mulheres de vários municípios e passaram a estimular a criação de associações para as diferentes profissões. Três anos depois, elas fundaram a Rede Acreana de Mulheres e Homens. Começaram a participar de encontros nacionais e a ter contato com feministas de vários estados do país. "Foi quando percebemos que as mulheres da floresta – isoladas pela distância e falta de comunicação – não estavam sendo levadas em conta. Havia um sentimento coletivo de exclusão. Resolvemos nos unir."

Organizaram, em 1998, o Primeiro Grande Encontro Internacional da Floresta Amazônica, que deu origem ao MAMA, instituição criada para fortalecer a união entre elas. "Trabalhando em rede nos fortalecemos para lutar por políticas públicas que contemplem a diversidade cultural, os sonhos e anseios da mulher da Amazônia."

Atualmente, Concita vive entre duas realidades distintas: ora atua na imensidão verde da floresta, onde continua dando cursos de capacitação para mulheres, ora na turbulência da Praça dos Três Poderes, em Brasília, para onde leva as reivindicações das mulheres da Amazônia. Sua grande luta, no momento, é conseguir que as extrativistas e as parteiras adquiram os direitos trabalhistas. "A atividade que essas mulheres exercem desde meninas até hoje não é considerada uma profissão. Elas não têm vínculo empregatício e, não raro, remuneração alguma."

Concita realiza também um importante trabalho nas áreas de educação e saúde com as parteiras de Marechal Thaumaturgo, no extremo oeste do Acre. Viaja com frequência para lá, onde visita as mulheres de casa em casa. Como a distância entre elas é, em geral, grande, passa dias dentro de um pequeno barco para chegar a todas. Ajuda na elaboração do planejamento anual das atividades e promove cursos. Uma das últimas conquistas foi a aquisição de barcos motorizados para a locomoção das mulheres ribeirinhas. "Antigamente, elas tinham vergonha de dizer que eram parteiras. Hoje se veem como categoria e andam com a cabeça erguida."

É dentro da floresta, entre as inúmeras amigas que foi fazendo em tantos anos de andança, que essa acreana sente a força de sua origem. "As parteiras da floresta me ensinaram a reconhecer o poder do vento, do florear das árvores, dos contornos de um rio."

As mulheres da floresta são hoje conscientes de seus direitos

Aristides Alves/N Imagens

Creuza Maria Oliveira

por *Patrícia Negrão*

Descendente de africanos trazidos como escravos, Creuza Maria Oliveira nasceu em 1957, na Bahia. Uma vida dura, mas livre. Aos 5 anos, perdeu o pai. A mãe mudou-se para a roça com outros dois filhos. Creuza foi deixada na casa de parentes. Quando completou 10 anos, arrumaram para ela um emprego de babá.

Como seus antepassados, Creuza perdeu a liberdade. "Os patrões falaram que eu iria cuidar das crianças e que me colocariam na escola", recorda. Isso nunca aconteceu. Por cama e comida e sem receber salário, ela trabalhava como uma adulta. Do fogão ou do tanque, observava os meninos e meninas da casa. "Às vezes, eu não aguentava. Eles me chamavam e eu largava tudo para ir brincar. Daí a patroa gritava ou me batia se eu deixava serviço pela metade."

Nem pensava em protestar. Exercia suas funções, calada. "Minha mãe me visitava às vezes, mas eu não tinha coragem de me queixar, porque ela estava muito doente." Morreu de cancêr na garganta, quando Creuza tinha 12 anos. "Perdi totalmente a esperança de ter uma casa para voltar."

Creuza se torna séria e reflexiva quando fala do passado. Sabe que os dias perdidos na infância e na juventude não têm volta. Mas não se amargura: faz de sua dura história um exemplo na luta contra o trabalho infantil doméstico, contra o racismo e pelos direitos da categoria. Presidente da Federação Nacional das Trabalhadoras Domésticas, que ajudou a fundar em 1997, ela dá palestras e cursos de conscientização para jovens e participa de encontros em todo o país e na América Latina. "Precisamos mobilizar a sociedade e pressionar políticos para mudar essa realidade. Milhares de crianças, nos dias de hoje, ainda sofrem todo tipo de abuso e violência."

Os números confirmam o que Creuza sentiu na própria pele. Cerca de 500 mil meninas menores de idade trabalham como domésticas, segundo dados da Pesquisa Nacional por Amostra de Domicílios (PNAD). Apesar de 96% delas saberem ler e escrever e 74% afirmarem frequentar a escola, quanto maior o tempo nesse tipo de serviço, maior o índice de atraso escolar e evasão.

Creuza indigna-se: "São 500 mil crianças que têm a formação física e emocional comprometidas. A maioria delas carrega bebês e objetos pesados, trabalha com fogo e produtos químicos. Sem falar das que sofrem maus tratos e abusos sexuais". Muitas deixam de ter contato com a família e até mesmo com outras crianças de sua idade. Não brincam, vivem em verdadeiros exílios. Perdem a identidade.

Sem parentes próximos, amigos e namorados, Creuza viveu de casa em casa de estranhos. Só podia deixar um emprego se arrumasse outro que lhe oferecesse cama e comida. Quando fez 21 anos, conseguiu que assinassem sua carteira de trabalho e lhe dessem folga quinzenal. Salário, sempre uma ninharia. "Trabalho desde os 10 anos de idade e mal tenho um lugar para morar."

Foi graças a um programa de rádio que Creuza, aos 26 anos, rompeu a solidão e o silêncio que a prendiam nos lares alheios. "Ouvi que um grupo de domésticas estava se reunindo para brigar por seus direitos", recorda. Mentiu para a patroa que iria a um encontro na igreja e foi até elas. Achou que seriam centenas de mulheres. Eram pouco mais de meia dúzia. Mas animou-se com o que ouviu. "Pela primeira vez, fui tratada de igual para igual. Pensei: Esse grupo precisa de mim para crescer."

À noite, terminado o serviço, ia em busca de mais jovens. Na saída das escolas noturnas e nos pontos de ônibus encontrava várias delas.

Conversava com todas, chamava cada uma para a reunião das domésticas. Em 1986, Creuza e algumas amigas criaram a Associação Profissional das Trabalhadoras Domésticas da Bahia. Ampliaram também o contato com trabalhadoras que se fortaleciam em outros estados. Enfrentavam horas, às vezes dias, dentro de um ônibus para se reunir e discutir seus direitos com lideranças de Pernambuco, São Paulo, Rio de Janeiro, Maranhão, Paraíba.

A primeira grande conquista: direitos incorporados na Constituição de 1988. Conseguiram férias, aviso prévio, salário mínimo obrigatório, 13º salário, entre outros. "Foi a passagem da escravidão aos direitos." Finalmente, eram reconhecidos como categoria. Em 1990, Creuza participou da fundação do Sindicato dos Trabalhadores Domésticos da Bahia, que tem hoje cerca de três mil filiados e dá assistência jurídica a aproximadamente quarenta profissionais por dia. Chegam ao Sindicato também denúncias de cárcere privado e violência sexual contra meninas. "Não é fácil socorrer as vítimas porque precisamos de mandato judicial, já que elas estão dentro de residências particulares", explica Creuza, que tentou, por três vezes, eleger-se vereadora em Salvador.

Solteira e sem filhos, concluíu em 2004 o ensino fundamental, e está agora cursando supletivo do colegial. Sempre com um lindo sorriso no rosto e bom humor contagiante, vive hoje rodeada de amigas. É motivo de orgulho para oito milhões de trabalhadoras domésticas de todo o Brasil.

Como ter paz em um país que fecha os olhos para o trabalho infantil?

Dudu Cavalcanti/N Imagens

Eliane Potiguara

por *Carla Rodrigues*

A família indígena Potiguara migrou da Paraíba para Pernambuco por volta de 1927, expulsa pela "colonização do algodão". Não muito depois, já deixava o lugar em busca de vida melhor no Rio de Janeiro. Num gueto indígena da cidade, nasceu Eliane. Foi criada pela mãe e pela avó, embalada pela tradição indígena cultivada por esta última, mulher forte e de influência decisiva na formação da menina. O cenário, entretanto, não poderia ser mais desolador: cercadas pela pobreza, avó, mãe, tias e duas crianças chegaram a morar nas ruas. Nessas condições, muitas vezes a única proteção de Eliane era o baú no qual dormia. Mais tarde, doente, viveu refugiada num pequeno quarto.

Da infância, a maioria das lembranças retrata purgações. As boas recordações têm a presença dos ensinamentos da tradição indígena. "A única coisa diferente era a educação, a espiritualidade e o amor que eu recebia de minha avó, mãe e tias indígenas. Elas me cobriam de amor, afeto e me protegiam." O carinho recebido ela retribuiu aprendendo a escrever aos 7 anos e tornando-se redatora das cartas ditadas pela avó analfabeta. "Eram histórias de muita dor, saudade, abandono, discriminação racial, social, intolerâncias."

Brasileiras

A avó era feirante e vendia bananas na porta da escola onde Eliane estudou. Foi ali que Eliane começou a se sentir diferente – das crianças e dos adultos. Chorava muito quando não entendia o que a professora ensinava e por intuir o sofrimento da avó, que bebia e se embalava no fumo de rolo. Seus olhos voltam a inundar hoje quando relembra as origens, o passado e a pobreza que, embora por curto período, obrigou a família a mandá-la para a então Fundação para a Infância e Adolescência (FUNABEM).

A garra das mulheres que a criaram, seu interesse pela literatura e pelas tradições indígenas foram as fontes de inspiração na luta pela defesa das mulheres indígenas. A mesma determinação de guerreira indígena Eliane carrega até hoje, no olhar e na fala. "Vivemos uma violência histórica. Minha avó deixou sua tribo depois de ter sido violentada aos 12 anos e de seu pai ter desaparecido misteriosamente num momento em que a neocolonização algodoeira violava a existência dos Potiguaras." Dessa avó, Eliane herdou o gosto pelas tradições, que hoje luta para preservar. "Toda a minha força foi determinada na infância, quando aprendi com a minha avó o valor do povo indígena."

Tomar consciência de toda a discriminação não foi fácil nem rápido. Ao longo de sua luta pela mulher indígena, Eliane também sofreu violências, humilhação e abuso sexual. Mãe de três filhos (duas moças e um rapaz), avó de dois netos, ainda batalha para garantir o sustento da família. Perceber-se diferente por causa da origem indígena foi acontecendo. Na adolescência, deu aulas na comunidade pobre onde vivia. Depois, teve a oportunidade de formar-se em Educação e Literatura. Até que se casou e foi ver o mundo. Conforme amadureceu, sua percepção de que a condição de mulher indígena era duplamente estigmatizada só aumentou.

Pioneira na tarefa de dar voz a mulheres indígenas, Eliane é fundadora da primeira organização indígena no país, Grupo Mulher – Educação Indígena (Grumin), hoje transformado na Rede de Comunicação Indígena. Escritora, articula também um grupo de autores indígenas voltados para a preservação dessa cultura. Para isso, participa da Rede de Escritores Indígenas e é diretora do Instituto Indígena Brasileiro para a Propriedade Intelectual (Inbrapi), que promove encontros e fóruns sobre conhecimen-

Eliane Potiguara

tos tradicionais indígenas, além de conselheira e uma das fundadoras do Comitê Inter-Tribal.

Um dos registros importantes do trabalho de Eliane na articulação entre mulheres indígenas ocorreu, em 1991, quando ela organizou no Rio de Janeiro o Encontro Nacional de Mulheres Indígenas. Reuniu mais de duzentos representantes de diferentes comunidades. No mesmo ano participou, em Genebra, do Grupo de Trabalho que redigiu a Declaração Universal dos Direitos Indígenas. A associação Grumin, criou o primeiro jornal indígena do país, o *Jornal do Grumin*, que chegou a ter edições internacionais para divulgar a causa da mulher indígena. A publicação foi fundamental na conscientização e informação de nações indígenas, que ainda hoje sobrevivem espalhadas no território nacional.

Nos seus mais de trinta anos de militância, publicou livros como *A terra é a mãe do índio* (1989) e *Metade cara, metade máscara* (2004), fazendo do fortalecimento da cultura indígena sua principal bandeira de luta. Eliane hoje tem plena convicção, até por ter sentido na pele, que, no processo de opressão aos povos indígenas, quem mais sofreu foram as mulheres. Por isso, aposta no fortalecimento da cultura e na espiritualidade do povo indígena, que ela acredita profundas e que não desaparecerão facilmente. "Ser mulher índia, para mim é um orgulho, pois devemos sempre assumir nossa etnia e não nos envergonharmos, como queriam os colonizadores, mesmo que estejamos nas cidades ou nas aldeias."

A força das mulheres da minha família contribuiu para a mulher que sou

Nair Benedicto/N Imagens

Elizabeth Teixeira

por *Patrícia Negrão*

Ao ver João Pedro caído, a terra seca do sertão misturada ao sangue do companheiro de vinte anos, Elizabeth Teixeira segurou a mão do marido assassinado e disse: "Vou continuar sua luta". Naquele entardecer de 1962, ela encontrou coragem para romper o silêncio predestinado às trabalhadoras rurais nordestinas. A viúva do "Cabra Marcado para Morrer" tornou-se um símbolo nacional na defesa da terra. "Ali mesmo, ao lado de João morto, eu queria gritar: Queremos reforma agrária agora!"

Grito até hoje entalado na garganta. Elizabeth Teixeira está com 80 anos e vive de uma pequena aposentadoria em uma casa modesta, na periferia de João Pessoa. Sob as rugas marcadas pelo sol que castiga e pela vida que fere, ressaltam-se os traços da mulher forte da Paraíba. Na luta por terra – terra não para enriquecer, terra para o trabalhador plantar e dar de comer aos filhos –, ela perdeu o homem que amou, dois filhos, incontáveis amigos.

Sua vida virou filme, virou livro. Mas não virou página superada da história. "O homem do campo continua sendo explorado, massacrado, assassinado." São palavras de quem sabe o que diz. Elizabeth é a história viva do Brasil que poucos querem enxergar, porque envergonha ou incomoda.

Brasileiras

Filha de um pequeno proprietário de terra, na infância ela se deu conta da tirania paterna. "Sou a mais velha de nove filhos. Quando nascia um homem, meu pai soltava rojão. Se fosse mulher, havia silêncio." Com 9 anos, foi tirada da escola pelo pai. Chorou, implorou, mas ele não cedeu. "Dizia que mulher só estudava para escrever carta para namorado." Aos 17 anos, fugiu para se casar. O pai não aceitava o namorado pobre e negro.

Os recém-casados foram para Recife, onde João Pedro arrumou serviço em uma pedreira. Conversador e observador, ele reunia os operários para discutir seus direitos. Fundou o sindicato da categoria. Com o passar dos anos, não conseguia mais emprego. Em 1954, já com seis dos dez filhos nascidos, Elizabeth e João Pedro retornaram a Sapé, na Paraíba, para viver num pedaço de terra cedido pelo pai dela.

Enquanto roçava, João Pedro, mais uma vez, observava. Caminhava por toda a região. "Ele chegava à noite e me dizia: 'Elizabeth, aqui há tanta exploração quanto na cidade. Tem muita criancinha morrendo de fome'." Em 1958, fundou com alguns companheiros a Liga Camponesa de Sapé, primeiro órgão de defesa dos camponeses da Paraíba. Conseguiram acabar com o cambão – um dia da semana trabalhado de graça para o dono do latifúndio – e e com o aumento do foro – preço pelo arrendamento da terra.

João Pedro, porém, começou a ser perseguido. Policiais cercavam a casa. Os pais, com medo de que uma bala acertasse as crianças, colocavam todas deitadas no chão. "Ele era um bom pai. Toda noite ia de rede em rede, beijar cada um dos filhos." Elizabeth se emociona. "Nunca me dizia: faça isso, não faça aquilo. Ele me respeitava como mulher."

Descontente com a militância do genro, o pai de Elizabeth tentou expulsá-los do pedaço de terra cedido. Em 2 de abril de 1962, João Pedro compareceu a uma audiência contra o mandato de despejo, em João Pessoa. Ao retornar, morreu de emboscada na estrada. No mês seguinte, Elizabeth foi escolhida para assumir a presidência da Liga Camponesa, que tinha sete mil associados. Dois anos depois, já eram mais de 16 mil e a maior associação do Nordeste. "Eles mataram João Pedro para nos enfraquecer, mas a revolta nos uniu ainda mais."

À frente da Liga, ela enfrentava os fazendeiros. "Vi muito trabalho escravo e famílias sendo arrancadas dos latifúndios." O movimento se fortalecia. "Se eu pedisse cem homens para entrar numa fazenda, apareciam quinhentos." Como o marido, ela tornou-se respeitada na Paraíba. Começou também a sofrer as ameaças antes dirigidas a ele. Seu filho de 10 anos, Paulo, jurava vingar a morte do pai quando crescesse. Levou um tiro na cabeça que lhe deixou sequelas para o resto da vida.

Policiais voltaram a rondar sua casa. "Um dia foram me buscar e fizeram um corredor: conforme eu passava, atiravam no chão." Ao retornar da prisão, encontrou a filha mais velha, Marluce, então com 17 anos, morta. "Ela tinha medo de que eu também fosse assassinada. Tomou veneno."

Em 1964, com o Golpe Militar, Elizabeth voltou a ser presa, desta vez por quatro meses. Ao ser libertada, teve de fugir deixando os filhos com seu pai e irmãos. Levou só Carlos, rejeitado pela família por ser parecido fisicamente com João Pedro.

Escondidos dentro de um caminhão de verduras, os dois chegaram a São Rafael, no Rio Grande do Norte, onde Elizabeth viveu dezesseis anos com nome falso e sem qualquer notícia dos outros oito filhos. Por comida e um quarto, ela alfabetizava as crianças dos camponeses. "Eu ensinava a ler e também a conhecer seus direitos." Rodeada de meninos e meninas dos outros, não viu seus próprios filhos crescerem.

Só os reencontrou em 1981, com a Anistia. João Eudes, que teve o nome de batismo Lenine trocado por um tio, fundou a Associação João Pedro Teixeira em 1987, com apoio da mãe. O filho mais velho de Elizabeth, João Pedro, criado pelo pai dela, não aceitava o surgimento de um novo líder camponês na família. Matou o irmão. Mais uma vez, Elizabeth encontrou um corpo querido estraçalhado no chão. Mais uma vez, não desistiu. Ainda tem esperança de um dia ver justiça no campo.

Minha luta só acaba quando cada trabalhador rural
tiver seu pedaço de terra

Dudu Cavalcanti/N Imagens

Elza Berquó

por *Patrícia Negrão*

A expressão é de quem possui sabedoria e as respostas diretas revelam uma vida intensa, sem tempo a desperdiçar. A demógrafa Elza Berquó inicia a conversa retomando uma distante e avassaladora tarde de domingo. Era março de 1969 e ela voltava de uma viagem de fim de semana quando ouviu, no rádio do carro, anunciarem uma lista de profissionais cassados pela ditadura militar. Seu nome estava entre eles. "Na manhã seguinte não pude ir trabalhar. Foi uma tragédia, era minha vida."

O país acabava de aposentar compulsoriamente uma das professoras titulares da Faculdade de Saúde Pública da Universidade de São Paulo (USP), pós-graduada em bioestatística pela Universidade de Columbia, em Nova York. O currículo desprezado por militares brasileiros atraiu intelectuais estrangeiros. Elza recebeu vários convites para lecionar no exterior. A paulista nascida em 1931, em Campinas, optou por não deixar o país.

O motivo que a fez ficar? É o mesmo que move sua vida intelectual até hoje: acreditar na importância do conhecimento científico como instrumento contra as injustiças sociais. "Um discurso sem conhecimento são palavras vazias", define a autora de importantes pesquisas sobre exclusão e desigualdade populacional no Brasil. Seus estudos

Brasileiras

têm servido de subsídio para a atuação de movimentos sociais e de setores governamentais.

No mesmo ano em que teve a carreira acadêmica interrompida, Elza e outros renomados professores – muitos deles também perseguidos pelo regime de opressão – fundaram o Centro Brasileiro de Análise e Planejamento (Cebrap), uma associação sem fins lucrativos com o objetivo de analisar a realidade social brasileira. Começaram a pesquisar e a publicar. E a incomodar o regime opressor.

No início dos anos 1970, ao lançarem o livro *São Paulo, Crescimento e Pobreza*, que relatava a situação calamitosa de desigualdade social na maior metrópole brasileira, uma bomba foi jogada dentro do Cebrap. Sofreram este atentado e várias ameaças, mas não se intimidaram. Elza dirige até hoje o setor de População e Sociedade do Cebrap e já realizou e coordenou inúmeras pesquisas publicadas aqui e no exterior sobre família, fecundidade, envelhecimento, saúde reprodutiva, direitos sexuais, entre outros temas.

Paralelamente ao trabalho no Centro, em 1982, Elza fundou o Núcleo de Estudos de População da Universidade Estadual de Campinas (Nepo/Unicamp), no qual coordena o Programa de Saúde Reprodutiva e Sexualidade. Voltado para professores, formadores de opinião e membros de ONGs, o Programa já formou inúmeros profissionais de todo o país.

Em mais de três décadas de intensa atuação, a demógrafa sempre se aprofundou nas áreas carentes de dados e interferências políticas. Tornou-se, por exemplo, pioneira nos estudos demográficos sobre a mulher negra brasileira. "Durante quase vinte anos houve um vazio de informações sobre a população negra do país." Ela explica que isso ocorreu porque o quesito cor foi eliminado do Censo de 1970 pelo regime militar e os dados do Censo de 1960 só foram divulgados, incompletos, em 1978.

Elza militou intensamente pelo retorno do item, que foi reincorporado no Censo de 1980. "Num debate, um ouvinte me perguntou por que eu, que não era negra, me ocupava desse tema", recorda. "Não havia demógrafos negros." Em parceria com a Fundação MacArthur – instituição filantrópica americana –, ela idealizou e passou a coordenar um programa de formação de pesquisadores negros no Cebrap. Do primeiro projeto participaram cinco mulheres que abordaram a saúde reprodutiva da população negra. Elas aprenderam a definir objetivos e metodologia e a preparar questionários, ir a campo, fazer entrevistas, tabular e analisar. "Eu sempre digo a meus alunos: para ter impacto e atingir objetivos, vocês precisam de conhecimento sério, profundo."

Com enorme vitalidade para ensinar e curiosidade para aprender, Elza traz à luz a realidade do país e forma profissionais para lutar contra as profundas desigualdades que suas pesquisas não deixam mais camuflar. Ela coordenou o vídeo *Rompendo o Silêncio: Desconstruindo o Racismo nas Escolas*, usado por professores da rede pública de todo o país, e lançou, entre outros, o livro *Jovens Acontecendo na Trilha das Políticas Públicas* (1998).

Ajudou a criar também a Comissão de Cidadania e Reprodução (CCR), um espaço de debates, palestras e intercâmbio de opiniões sobre saúde e direitos sexuais reprodutivos e tem participado ativamente em diferentes setores governamentais. Foi responsável, por exemplo, pela formação da Comissão Nacional de População e Desenvolvimento (CNPD), a pedido da Presidência da República.

Sua atuação atravessa fronteiras: participou das delegações oficiais brasileiras nas diversas conferências sobre população e gênero das Nações Unidas, entre elas, a Conferência Internacional de População e Desenvolvimento, no Cairo, em 1994; a Conferência Mundial da Mulher, em Pequim, em 1995; e a Conferência Internacional do Cairo + 5, em Nova York, em 1999. O currículo tão extenso e sedimentado é resultado de uma postura presente em todas as atividades dessa pesquisadora ativista: o equilíbrio entre carreira científica e compromisso social.

A pesquisa bem alicerçada instrumentaliza a luta política

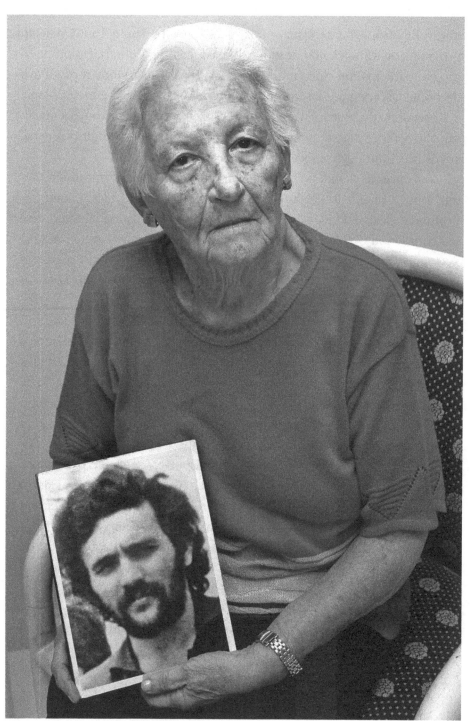

Dudu Cavalcanti/N Imagens

Elzita Santa Cruz Oliveira

por *Patrícia Negrão*

Na casa de muita história e dignidade, onde viu os dez filhos crescerem e se tornarem gente de fibra, Elzita Santa Cruz Oliveira tem a sensação de escutar, até hoje, chamar por ela. "Velha Zita! Velha Zita!" Era como o jovem Fernando Augusto de Santa Cruz Oliveira anunciava sua chegada à mãe. Até desaparecer, em 1974, vítima da ditadura militar.

Dona Elzita, aos 92 anos, continua com memória inabalável. Memória que a faz sorrir ao recordar os momentos alegres de uma família numerosa e unida. Memória que revolta e angustia ao reavivar os anos de um regime sem leis nem escrúpulos. Dói relembrar, mas não silencia: "Depois que perdi a esperança de encontrar Fernando, só me restou falar, para que um fato tão triste não caísse no esquecimento."

A voz que fez ecoar Brasil afora em busca do filho está hoje mais branda, pausada. Retorna aos anos 1940. "Só comecei a viver, de verdade, quando me casei com Lincoln Santa Cruz." Tinha 26 anos e já trazia no dedo duas alianças de uma viuvez precoce. Filha de um abastado senhor de engenho da zona da mata pernambucana, ela foi criada com luxo, "para ser esposa e mãe". Aos 21 anos, casou-se, pela primeira vez, com um jovem político. Seis meses depois, o marido morreu de tuberculose.

Brasileiras

Anos mais tarde, conheceu Lincoln, um médico sanitarista, diretor do Centro de Saúde de Caruaru. "Ele tinha uma visão diferente do mundo, era uma pessoa simples, um humanista", recorda. Casaram-se e foram viver em Olinda. Ano após ano, a família ia crescendo. Em 1956, o casal comprou a casa na qual dona Elzita vive até hoje. O salário do médico era suficiente para dar boa educação aos dez filhos e encher a casa de livros. "Não havia televisão, então todos líamos muito."

À mesa também não faltava comida nem boa prosa para os muitos amigos. O verdureiro, um dos frequentadores da casa, perguntou certa vez ao dr. Lincoln o que era comunismo. A resposta do marido dona Elzita nunca se esqueceu: "Comunismo é como uma mesa bem grande, com todo mundo comendo junto e comendo da mesma comida".

No controle da lida doméstica, dona Elzita mal sentiu os anos correrem. Até que, com 53 anos de idade, se viu obrigada a enfrentar a dureza de prisões, quartéis, secretarias de segurança e órgãos de repressão, à procura dos filhos perseguidos. "O primeiro a ser preso foi Fernando, durante uma passeata estudantil." Era menor de idade e passou uma semana no Juizado de Menores, até que a mãe conseguiu que liberassem o rapaz. O ano era 1966. Jovens pernambucanos queimaram a bandeira dos Estados Unidos em frente à Assembleia Legislativa em protesto ao Acordo MEC-Usaid que o Ministério da Educação e Cultura tentava implantar tendo como modelo o sistema de educação norte-americano. Ao receber a notícia de que o filho era um dos detidos, dona Elzita partiu para o Juizado de Menores. Lá persistiu até que soltassem Fernando.

A perseguição aos jovens Santa Cruz estava apenas começando. Tempos depois Marcelo, que cursava o quarto ano de direito e militava no Movimento Estudantil, foi cassado pelo decreto 477 e expulso da universidade. Passou um ano na Europa e retornou ao Rio de Janeiro, para onde se haviam mudado a irmã mais velha, Rosalina, e Fernando, que na época já estava casado e com um filho, Felipe.

Em 1972, Rosalina foi presa. Ao receber a notícia em Olinda, Dona Elzita embarcou para o Rio. Dr. Lincoln, adoecido, ficou em Pernambuco. Foram três meses de busca, de quartel em quartel. Até que conseguiu a promessa de que iriam levá-la à filha, mas de madrugada e sozinha. No meio da noite, dona Elzita entrou em um carro blindado, entre policiais armados. Os parentes receavam que ela não voltasse. "Eles me disseram: 'Dona Zita, não vá, a senhora vai cair no meio das cobras'. Mas por um filho, vou até para dentro do fogo."

Ao descer do carro, em frente ao Primeiro Exército, os policiais perguntaram se ela era paraibana. "Eles me acharam corajosa, porque eu estava séria, calada. Mas era medo mesmo." Encontrou a filha com curativos e manchas no corpo. Ela disse para a mãe que havia caído. Dona Elzita sabia que eram sinais de tortura. Queriam que assinasse um papel atestando que a filha se encontrava em perfeito estado. "Encontrei-a toda esbugalhada, eu não podia assinar aquilo e não assinei."

Rosalina foi liberada em 1973. Um ano depois, em 23 de fevereiro de 1974, a família Santa Cruz foi, novamente, alvo da ditadura. No sábado de Carnaval, Fernando saiu para se encontrar com um amigo, Eduardo Collier Júnior, também militante da Ação Popular. Nunca mais retornou.

Dona Elzita, mais uma vez, deixou Olinda para percorrer os quartéis cariocas. Sem resultado, passou a escrever cartas e petições para políticos, militares, religiosos. Buscou ajuda de entidades nacionais e internacionais como Cruz Vermelha, Anistia Internacional, Organização dos Estados Americanos (OEA). Reuniu e encorajou outras mães – a maioria amedrontada – a assinar manifestos. Mais tarde, mesmo com a certeza de que o filho não mais voltaria, ajudou a fundar o Movimento pela Anistia em Pernambuco e o Partido dos Trabalhadores daquele estado. Foi à Argentina solidarizar-se com as mães da Praça de Maio. Simboliza, hoje, todas as mães que tiveram seus filhos vítimas da opressão da ditadura militar brasileira.

Criei meus filhos para saberem defender o que acham certo

Bob Wolfenson

Eva Alterman Blay

por *Patrícia Negrão*

Década de 1960. Grupos políticos de esquerda mobilizavam-se contra o regime de opressão. Acadêmicos e revolucionários respiravam os ideais marxistas. Eva Alterman Blay, formada em Ciências Sociais pela Universidade de São Paulo (USP), escolheu seu tema de mestrado: a mulher operária. Para sua surpresa, riram da proposta. "Analisar a condição feminina era considerado um tema não político e irrelevante."

Risos que não intimidaram a jovem estudante. Ela enfrentou o preconceito de muitos letrados que achavam esse um "assunto menor" e a censura do regime militar. Desde aquela época, insubordinou-se contra qualquer atitude que limite a liberdade de atuação e expressão da mulher. Com mais de quarenta anos dedicados à academia, Eva Blay foi uma das primeiras intelectuais brasileiras a levar a questão da desigualdade entre homens e mulheres para dentro da universidade.

Nascida em São Paulo em 1937 numa família de judeus comerciantes, Eva e suas duas irmãs tiveram a sorte de ter pais que incentivavam o estudo e a carreira profissional. "Fui criada por um homem e uma mulher feministas. Isso motivou minha vida."

Mas foi na juventude, ao entrar nas indústrias e colher dados sobre as operárias para seu mestrado, que Eva constatou de perto o quanto as mulheres viviam à margem de quaisquer direitos. "Numa fábrica de pregos eu encontrei um recém-nascido dormindo dentro de uma caixa de sapatos. A mãe não tinha onde deixá-lo e precisava trabalhar." A dissertação de Eva deu origem a um dos muitos livros escritos por ela: *Eu não tenho onde morar – Estudo das Vilas Operárias de São Paulo.*

Com o olhar se apurando cada vez mais contra as diferenças sociais, Eva ingressou em 1961 no Departamento de Sociologia da Faculdade de Filosofia, Letras e Ciências Humanas (FFLCH) da USP, como instrutora voluntária. Dois anos depois, era contratada como professora. Em 1965, já casada, deu à luz a primeira de dois filhos. Durante o período de amamentação, leu o livro *A Mística Feminina*, da feminista americana Betty Friedman. "Ela abriu meus olhos ao mostrar que o problema da mulher não é individual, mas social." Eva, então, propôs a seus alunos que analisassem a organização social e política da América Latina a partir da posição da mulher. "Foi uma confusão na sala de aula, eles rejeitaram o tema." Ameaçaram até entrar em greve.

Dura na queda, ela mais uma vez não aceitou esse tipo de preconceito e conseguiu que metade da turma pesquisasse o assunto. "O espírito da época – a palavra de ordem – era organizar a massa, fazer a revolução." Gênero, sexo, sentimentos e emoções eram assuntos "pequeno-burgueses". "Muitas mulheres eram subordinadas a seus companheiros revolucionários. Várias fizeram inúmeros abortos e eles nem tomavam conhecimento, porque isso era problema delas."

A luta, no início de poucas mulheres, ganhou força com o desenvolvimento do movimento feminista no país. No início dos anos 1980, Eva foi convidada para participar da criação de importantes organizações políticas, como o Movimento Feminino pela Anistia. Fez também palestras sobre a condição das mulheres trabalhadoras em todo o país e teve atuação proeminente no desenvolvimento de políticas públicas específicas para a mulher.

A segurança e a persistência de quem tem propostas bem fundamentadas deram base para que ela enfrentasse centenas de obstáculos e obtivesse dezenas de vitórias. Foi uma das fundadoras e presidiu, por dois anos, o Conselho Estadual da Condição Feminina de São Paulo, criado em 1983 pelo governo de Franco Montoro. Uma das primeiras lutas foi pela igualdade salarial para homens e mulheres.

Entre outras medidas, Eva e sua equipe reuniram editoras para que excluíssem dos livros escolares o sexismo e implantaram um programa de creches – quando ela assumiu o Conselho, havia um único estabelecimento para mães deixarem suas crianças gratuitamente. Empenharam-se também pela criação da primeira Delegacia da Mulher e deram cursos de formação para delegadas. O Conselho serviu de modelo para outros estados e para a criação do Conselho Nacional da Condição Feminina.

Em 1992, Eva deixou o Brasil para dirigir um departamento da Organização das Nações Unidas (ONU) dedicado à mulher, na Áustria. Retornou seis meses depois para assumir o cargo de senadora porque, na época, era suplente de Fernando Henrique Cardoso, que ocuparia cargo de ministro no governo de Itamar Franco. No Senado, onde ficou até janeiro de 1995, continuou defendendo os direitos da mulher. Entre muitas ações, promoveu debates sobre a descriminalização do aborto. "Num desses encontros quase me mataram, tive de sair cercada por seguranças."

Ao mesmo tempo em que exerceu cargos políticos, ela continuou a carreira como professora na USP, onde, com um grupo de professoras, fundou em 1985 o Núcleo de Estudos da Mulher e Relações Sociais de Gênero (NEMGE/USP), do qual é coordenadora científica até hoje. Realizam seminários, cursos, eventos científicos e intercâmbio com entidades nacionais e internacionais.

Educadora entusiasta, Eva tem orientado ao longo da carreira inúmeras teses e monografias sobre a condição feminina, e participado da formação de incontáveis pesquisadores e estudantes. Militante determinada, publicou vários livros e centenas de artigos e nunca diz "não" quando é solicitada para apoiar políticas públicas que impeçam a violência e estimulem a igualdade entre homens e mulheres. "Ainda há muito a ser conquistado, mas tivemos avanços enormes." Eva não precisa mais enfrentar os "riscos" dos colegas de trabalho, mas continua boa de briga quando se trata dos direitos das minorias.

Liberdade é não estar subordinada a ninguém nem a nada

Beto Magalhães/N Imagens

Fátima Oliveira

por *Fernanda Pompeu*

Município de Graça Aranha, Maranhão, 1961. A menina de 8 anos observa uma cena quase diária e, não obstante, sempre angustiante. Da janela, ela assiste à procissão a caminho do cemitério. O caixãozinho azul é o abre-alas dos adultos com sombrinhas sob o sol inclemente. A avó da menina tenta confortá-la: "É enterro de anjinho. Ele vai direto para o céu". A menina não contém o choro, está assustada com tantas mortes. Nesta mesma semana, a mãe de uma coleguinha morreu. De parto.

Talvez obedecendo a lógica do "aquilo deu nisso", a menina cresceu e tornou-se médica para lutar contra mortes evitáveis de crianças e de gestantes. A doutora Fátima Oliveira nasceu na diminuta Graça Aranha, em 1953. Filha de mãe negra e de pai branco, ela conta que assumiu a negritude durante o curso de Medicina. "Apesar de estarmos no Maranhão, éramos três negros em uma turma de sessenta alunos."

Até ela virar a defensora dos direitos da mulher, da saúde e da igualdade racial, viandou por muitas veredas. Seu primeiro trabalho social ocorreu ainda na adolescência. Ela integrou a Juventude Operária Católica (JOC), militando na Pastoral da Mulher Marginalizada. "A gente trabalhava com as prostitutas, agendando consultas médicas, arranjando escola para os

Brasileiras

seus filhos, recolhendo alimentos e roupas. Tentávamos dirimir o preconceito contra elas."

Então chegou 1975 – o Ano Internacional da Mulher e inaugurador da Década dos Direitos da Mulher. Como parte das comemorações, foi erguido o busto de Maria Firmina dos Reis (1825-1917) na praça central da capital São Luís. Maria Firmina foi a primeira romancista negra do país. Naquele dia, Fátima teve um *insight*. Percebeu que sua vida seria uma junção entre a ciência, o feminismo e a luta antirracista.

Para dar conta da tríplice escolha, ela trabalha com apetite gordo. Morando em Belo Horizonte desde 1988, dá plantão no Hospital das Clínicas da Universidade Federal de Minas Gerais: "Adoro minha profissão". Participa de congressos, simpósios, encontros no Brasil e no exterior. "Aproveito todas as oportunidades." Redige uma coluna semanal para o jornal *O Tempo*. Adora questões polêmicas acerca das mulheres, do meio ambiente, da política nacional. "Disparo e-mails para meio mundo." É secretária executiva da Rede Feminista de Saúde: "Com todo o orgulho".

Fundada em 1991, a Rede Feminista de Saúde reúne mais de duzentas filiadas. Congrega pesquisadoras de saúde da mulher, ativistas, comunicadoras. Sua missão consiste no fortalecimento do movimento de mulheres; no reconhecimento dos direitos sexuais e reprodutivos como direitos humanos; no combate às discriminações de gênero e de raça. Também é pela legalização do aborto: "O único direito que nós, as brasileiras, ainda não conquistamos".

Quando, em 2002, Fátima foi eleita secretária executiva da Rede Feminista, tornando-se a primeira negra no cargo, ela já tinha reconhecimento dentro da ciência e dos movimentos negro e de mulheres. Havia participado do Grupo de Trabalho para a elaboração do Programa de Anemia Falciforme do Ministério da Saúde. O assunto é de grande relevância para a população negra, pois os negros têm maior predisposição genética para esse tipo de anemia. Do trabalho do Grupo, resultou a obrigatoriedade de verificar a incidência da doença em todos os recém-nascidos e agilizar seu tratamento.

O Brasil da profunda desigualdade racial nunca teve políticas públicas de saúde com especificidade étnicorracial. Preencher essa lacuna é uma das lutas do movimento negro, sendo que Fátima Oliveira é um nome obrigatório nessa arena. Ao instruir alunos residentes no Hospital das Clínicas, ela alerta: "Toda vez que um negro entrar aqui, vocês devem medir a pressão". A informação tem razões: pressão alta é comum entre as pessoas negras e esse dado raramente é estudado nas faculdades de Medicina.

Ela também estica os dedos no teclado do computador. Fátima é autora de vários títulos nas áreas de bioética, biossegurança, transgênicos. O primeiro é um tema caro para ela. "Eu encaro a bioética como um campo dos Direitos Humanos." É uma oportunidade de popularizar as descobertas científicas e humanizar o atendimento médico. "Foi-se o tempo em que os médicos falavam e os pacientes não perguntavam nada." Em 2005, ela se permitiu mais uma ousadia. Publicou o romance *A Hora do Angelus*. Para não perder o costume, o enredo dá alfinetadas fundas na Igreja Católica, contrária a vários dos direitos reprodutivos e sexuais defendidos por Fátima.

No meio de sua frenética atividade, ela ainda arranja tempo para conviver com seus cinco filhos e dois netos. "Adoro a casa cheia. Venho de uma família que não cria cachorro nem gato. Cria gente." Talvez por isso, ela seja capaz de ler e escrever ao mesmo tempo que um filho ouve música, outra filha conta uma história e os netos a chamam para brincar. Assim é a cidadã de Graça Aranha. Alguém que gosta de dizer: "Tive os amantes, os amigos e os filhos que quis". Se Fátima Oliveira tivesse de escolher um único *slogan* entre todos, provavelmente seria: "Salve a Vida".

Temos trabalho e prazer para muitas gerações

Nair Benedicto/N Imagens

Givânia Maria da Silva

por *Patrícia Negrão*

No início do século XIX, seis mulheres negras, fugindo dos maus-tratos da escravidão, chegaram a um pedaço de terra encravado no sertão pernambucano. Donas da própria vida, fizeram florescer a caatinga com a plantação de algodão. Fiavam e vendiam o produto na cidade. O grupo cresceu e deu origem à Conceição das Crioulas, quilombo no município de Salgueiro, a 550 km de Recife.

Nessa mesma terra, em 1966, nasceu Givânia Maria da Silva. Mais de um século depois da chegada das seis mulheres, a história pouco mudou. Como suas ancestrais, Givânia põe em risco a vida, agora para garantir a terra de seu povo.

Ela está ameaçada de morte. Tem medo. Mora em um país que assassinou Chico Mendes, Margarida Alves, Dorothy Stang e tantas outras lideranças do campo. Outra história que não muda. Sem qualquer proteção, apesar de já ter denunciado à Justiça aqueles que a perseguem, Givânia garante que só para depois de ver os quatro mil quilombos do país reconhecidos, demarcados e titulados.

Milita pela legalização dessas comunidades rurais seculares fundadas secretamente por ex-escravos e por políticas públicas para os afrodescendentes, envolvendo educação, saúde, moradia e emprego. "Nós, quilombolas, temos

Brasileiras

o direito de viver dignamente na terra que agregou nosso povo e nos foi retirada."

Até meados dos anos 1980, Conceição das Crioulas desconhecia sua história. Intrigada com o nome do local, Givânia pediu para seus alunos fazerem uma pesquisa. "Eu me perguntava: Por que das Crioulas?" Remexeram na memória dos moradores mais antigos. Ouviram sobre as seis escravas fugitivas que ali chegaram e compraram a terra com a venda de algodão. "Só então nos demos conta de que éramos quilombolas."

Da vergonha de morar em uma comunidade rural empobrecida e afastada da cidade surgiu o orgulho de viver na terra conquistada. E a força para reivindicar o que descobriram ser deles por direito. Givânia fez o caminho inverso das ancestrais. Foi para a cidade mostrar a cara e pedir escola, médicos, transporte público para os quatro mil moradores, que vivem da agricultura de subsistência e do artesanato. "Faltava tudo, desde roça para plantar até água para beber."

Não foi bem recebida pelos políticos de Salgueiro. Mas descobriu que entidades negras se fortaleciam em todo o país. Juntou-se a elas. Em 1992, participou da primeira reunião de negros do sertão. Foi a outros debates, no Maranhão, em Salvador, em Brasília. Na capital federal, teve contato com mais de quatrocentas lideranças que realizavam o Primeiro Encontro Nacional de Representantes Quilombolas.

Tudo o que ouvia país afora trazia para os moradores de Conceição das Crioulas. Antes calados, eles agora discutiam e se mobilizavam. Em 1995, conseguiram ampliar o ensino de 4ª para 8ª série. Até então, sem condições financeiras nem transporte público que as levasse a Salgueiro, as crianças interrompiam o estudo.

Givânia assumiu a diretoria da escola e abriu as portas para a comunidade. "Todas as matérias enfocavam nossa história, quem éramos, de onde viemos, porque chegamos ali." Numa mesma sala de aula, aprendiam avó, filha e neta. Conceição das Crioulas retomava consciência de sua força.

Dois anos depois, foi transferida para uma escola na periferia de Salgueiro. Demitiram toda a sua equipe. "Queriam nos calar de novo, mas não havia mais volta." Passaram a se reunir aos sábados e domingos. Fundaram a Associação Quilombola de Conceição das Crioulas (AQCC).

Conceição das Crioulas foi uma das primeiras comunidades quilombolas do país a ser reconhecida legalmente, em julho de 2000. Até hoje, somente 29 quilombos receberam o título de propriedade de terra do Governo Federal. "Temos direito a 18 mil hectares, mas 70% dessa área ainda estão nas mãos dos fazendeiros e posseiros, que nos ameaçam e se recusam a sair", revolta-se Givânia.

São ameaças que chegam em forma de recado. "Avisa para ela que, antes de passar por cima de mim, vou passar por cima dela." "Vou encher a boca dela de balas." O pai e os irmãos temem por sua vida. "Minha mãe pede para eu não deixar Conceição. Daí eu digo: 'Reze por mim'. E vou pra luta." Reza forte, porque as emboscadas por lá são muitas e a estrada de terra que leva até Salgueiro, no meio da caatinga, é deserta e perigosa.

Estrada que Givânia aprendeu a percorrer com determinação, ainda menina, ao decidir não parar de estudar – formou-se em Letras e Literatura Portuguesa. E, mais tarde, quando concorreu ao cargo de vereadora por Salgueiro, tendo sido eleita em 2000 e reeleita em 2004.

Estrada que também levou Givânia mundo afora. Uma das fundadoras da Coordenação Nacional das Comunidades Negras, Rurais e Quilombolas (Conaq), ela já andou o país todo. Esteve também na África do Sul, Espanha, Chile e Estados Unidos em conferências internacionais sobre racismo e pelo direito à terra. "Hoje, as comunidades afro-descendentes rurais são reconhecidas pelas Nações Unidas como grupos étnicos", comemora.

Para ela, no entanto, a maior conquista é a conscientização dos jovens. Até pouco tempo atrás, eles viam como única possibilidade de melhorar de vida sair de Conceição das Crioulas. "Hoje, a juventude é politizada, assume que é negra. Muitos querem fazer faculdade para trazer mais conhecimento ao seu povo."

Nossa terra é nossa raiz, nossa história

Marie Hippenmeyer/N Imagens

Heleieth Saffioti

por *Fernanda Pompeu*

"Dormi muito pouco para dar conta do recado." A autora da frase é também autora de dezenas de artigos, ensaios e livros acerca da vida das mulheres sob o mando do patriarcado e o desmando da violência de gênero. Nove entre dez feministas brasileiras foram influenciadas por ela.

Seu nome é Heleieth Saffioti, educadora e socióloga com prestígio além-fronteira. Na América Latina, foi uma das pioneiras dos Estudos de Gênero no universo acadêmico. Esquentou cátedras das Universidade Estadual Paulista (Unesp); Universidade Federal do Rio de Janeiro (UFRJ); Universidade de São Paulo (USP). Atualmente, orienta pós-graduandos na Pontifícia Universidade Católica de São Paulo (PUC-SP), onde também fundou e dirige um núcleo de estudos que inter-relaciona as questões de gênero, raça e classe social.

Com 45 quilos e uma língua afiadíssima, ela adora desafinar o coro dos contentes. Não teme polêmica nem voz grossa. Discutir ideias é prato que ela come quente e com gula. Quando fala, exibe duas qualidades essenciais: português impecável e argumentos irrefutáveis.

"Intelectual 24 horas", ela conheceu o trabalho aos 10 anos de idade, bordando roupas que sua mãe costurava para fora. "Éramos muito pobres." Nascida em 1934, na minúscula Ibirá, estado de São Paulo, a

Brasileiras

garota intuiu que sua vocação seria aprender para ensinar. O que talvez não imaginasse fosse a intensidade do esforço a ser empreendido. "Na minha vida, nada caiu do céu."

Tal como um bordado, Heleieth foi ponteando suas conquistas. Trabalhar de dia e estudar de noite foi a rotina de sua adolescência. Sagaz, aprendia com as lições dos livros e do cotidiano. Em São Paulo, morando na casa de duas tias, sentiu na alma as discriminações de classe e de gênero. Por ser a sobrinha sem posses, filha da costureira e do pedreiro, fez as vezes da Gata Borralheira responsável pelo serviço doméstico. A prima rica era sempre poupada. O primo, além de abastado, era o varão: "Quando chegava da escola, ele tinha direito à sesta".

Ao lembrar seus anos de formação, ela tem certeza que incinerou cartas marcadas: "Como pobre, meu destino era o trabalho manual; como mulher, obedecer a um homem". Seu espírito insurreto não permitiu. Quando criança, descobriu que tinha de gritar, e gritou todas as vezes que os pais ou o irmão tentaram submetê-la. No segundo dia do casamento com Waldemar Saffioti, renomado químico e físico, deixou claro: "Na minha vida, mando eu".

Aliás, ressocializar maridos é uma dica que ela dá para as mulheres. "Se no começo da relação, eles sentirem que mandam na gente, vão mandar para o resto da vida." Ela conta que o marido, já falecido, tornou-se um homem feminista. Isto é, companheiro capaz de respeitar e festejar a autonomia da mulher.

Autonomia que ela conseguiu com a ousadia do pensamento livre e o suor do pensamento disciplinado. Seus alunos e alunas são unânimes em destacar a clareza com que Heleieth destrincha conceitos complexos. Também sublinham a maestria com que ela relaciona coisas até então aparentemente desconexas.

Autora de um percurso intelectual exemplar, colecionou todos os títulos acadêmicos, sempre brigando muito. Fez história, quando em 1966, em meio aos puxa sacos da ditadura militar e da estreiteza dos acadêmicos ortodoxos, defendeu sua livre-docência com um tema irreverente: "A mulher na sociedade de classes". Sustentou com brilhantismo o viés de gênero na análise histórica, social, política e econômica.

A partir daí, sua caneta militante nunca perdeu a tinta. Dividiu seus dias entre a docência: "Adoro alunos", e a máquina de escrever: "Escrevo muito rápido". Em meio aos livros, há um campeão de vendas, destinado ao público em geral: *O Poder do Macho* (1987), com edições sucessivas e traduções para vários idiomas.

"Aprendi para ensinar". Ela é didata na sala de aula, na rua, no metrô. Não se furta a distribuir lições de civilidade, por exemplo, não sujar as ruas e respeitar os assentos preferenciais no transporte público. Na academia brasileira, poucos refletiram e escreveram tanto acerca da violência doméstica quanto ela. Sem tergiversar, aponta o dedo para os males do sistema patriarcal que mantém as mulheres nas margens de decisão.

Comunicadora apaixonada, procura e encontra frases contundentes e constrói imagens sedutoras para dar seu recado. Não importa o cenário, pode ser um auditório com tradução simultânea ou uma saleta improvisada na periferia. Não importa o público, se faz entender por pessoas sem alfabetização e por pesquisadores de alto nível.

A mente afiada de Heleieth Saffioti não admite a divisão das ideias em escaninhos tecnocráticos. No seu entender, teoria é práxis; práxis é teoria. Como intelectual "biscoito fino", acredita no poder transformador das palavras. Aposta na capacidade revolucionária da educação. Ela sabe que o pensamento é o nirvana terreno. Para alcançá-lo, no lugar de preces, é preciso muito trabalho e inteligência.

Quando atingimos o objetivo é que o verdadeiro esforço começa

Fabiana Figueiredo/N Imagens

Helena Greco

por *Fernanda Pompeu*

Os que jogaram a bomba jamais foram pegos. Como, até hoje, não foram responsabilizados os que torturaram, mataram e fizeram "desaparecer" opositores políticos da ditadura militar. O atentado ocorreu no bairro do Barro Preto, em Belo Horizonte, no ano de 1978.

O alvo era a casa de uma senhora que, mesmo sem pelo na venta, desafiava os donos do poder. Uma mulher que não hesitava em denunciar torturas e torturadores. Por sorte, o portão de ferro da casa de Helena Greco serviu de barreira e o artefato ricocheteou. Fez um buraco razoável na calçada.

Ela estava longe de ser uma garota, quando participou, pela primeira vez, de uma manifestação de rua enfrentando a truculência policial e os gases lacrimogêneos. Na verdade, ela beirava os 60 anos. Era a década de 1970, o país convulsionava entre a repressão militar e os anseios pelas liberdades democráticas.

A partir dessa experiência, Helena Greco, nascida em 1916, casada com um médico, mãe de três filhos, amante da boa literatura, pianista bissexta, não parou mais. Logo em seguida à manifestação, fundou e presidiu o Movimento Feminino pela Anistia, em Minas Gerais. O objetivo do movimento era o fim das torturas nas masmorras da ditadura e

Brasileiras

a volta segura dos exilados políticos. "Anistia ampla, geral e irrestrita" foi a palavra de ordem que ecoou de norte a sul do Brasil.

Helena se tornou, em Minas Gerais, o símbolo da luta pela anistia. Dava guarida a perseguidos políticos. Organizava, onde desse, dezenas de reuniões. Fazia plantão em portas de delegacias e, desafiando o Serviço Nacional de Informações (SNI), embarcou para Roma, representando o Brasil no Congresso Mundial de Anistia. Tudo isso na cara e na coragem e com a convicção dos indignados.

Em 1979, veio a vitória. Os exilados retornaram, os perseguidos puderam reintegrar-se aos antigos trabalhos, nas universidades, na vida política. A anistia não beneficiou tão somente os anistiados. Favoreceu a reconstrução da democracia brasileira, ao injetar novas perspectivas nos movimentos populares. Muita gente, até então sem voz, "botou a boca no trombone".

Muitos também, costumeiros batalhadores, se acomodaram. Mas Helena Greco não voltou para a tranquilidade de sua casa. "Percebi que a luta pelos direitos políticos e humanos não se esgotava com os anistiados. Ela tinha que incluir todas as pessoas." Todas as pessoas diz respeito, principalmente, à grande massa de excluídos dos bens sociais e dos direitos fundamentais.

Ela havia tomado gosto pela participação política. Talvez, em plena terceira idade, tenha se conectado com a menina rebelde que detestava as obrigações domésticas e que, experiência incomum para a época, cursou a faculdade de Farmácia. Ou porque, segundo suas palavras, "a tarefa de transformar a sociedade não é atribuição exclusiva dos jovens, essa tarefa pertence a todos".

Em 1982, aos 66 anos, Helena Greco foi eleita vereadora pelo Partido dos Trabalhadores (PT), o qual ajudou a fundar. Trabalhou tão bem que foi reeleita. Ela não baixou a guarda nos dois mandatos. Criou e coordenou a primeira Comissão Permanente de Direitos Humanos em um organismo estatal. Também participou ativamente do Grupo Tortura Nunca Mais. Corajosa, denunciou médicos cúmplices da tortura e, por conta da ousadia, enfrentou um processo judicial.

Com a mesma têmpera, demonstrada nos anos de chumbo, ela se voltou para as camadas populares. Sempre entendeu que direitos humanos e cidadania são inseparáveis. "O que me assustava nos trabalhos da Câmara é que as pessoas chegavam quase pedindo desculpas, não tinham noção de que nós éramos pagos com o dinheiro delas."

Por entender que os direitos humanos são para todos sem exceção, Helena ampliou o escopo de sua militância. Entraram no rol de seus esforços as mulheres, os negros, as crianças. Ela se empenhou para a criação, na capital mineira, da primeira Casa-Abrigo para mulheres em situação de violência. Participou de iniciativas contra o trabalho infantil. Apoiou reivindicações do Movimento Negro.

Mas onde ela arranjava tanta garra? Qual o motor que transformou a pacata cidadã em ativista política? É ela quem responde: "A capacidade de me indignar. O valor de não aceitar as iniqüidades e de não enxergar as violências como banalidades". Ao deixar o cargo político, Helena Greco seguiu com sua indignação e não voltou para o sossego de sua casa.

Envolveu-se na articulação entre os movimentos sociais e o Estado. Empenhou-se na criação de uma cultura de cidadania no Brasil, cujo primeiro passo é informar aos excluídos que eles têm direito a ter direitos. Informar às mulheres que elas têm direito a uma vida sem discriminação, aos negros que eles têm direitos iguais aos dos brancos.

Às vésperas de completar 90 anos, Helena Greco finalmente voltou para sua casa. Já não lembra de muitas coisas. Já não fala tanto. Ao menos não fala com as palavras, porque seus olhos seguem dizendo.

Os direitos humanos ainda não foram conquistados no Brasil

Dudu Cavalcanti/N Imagens

Heloneida Studart

por *Carla Rodrigues*

Na década de 1950, quando, aos 18 anos, a cearense Heloneida Studart trocou sua cidade natal pelo Rio de Janeiro, nunca mulher alguma de sua família havia trabalhado. Da tia, passou a infância ouvindo: "Mulher não tem que querer." Heloneida cresceu, superou os limites da família conservadora no Nordeste e quis. Aportou no Rio de Janeiro disposta a publicar seu primeiro romance (*A primeira pedra*) e a seguir carreira de escritora. Neta do barão de Studart, seu avô materno, única filha mulher numa família de três irmãos, Heloneida contrariou toda a educação tradicional que recebeu no Nordeste, onde estudara em colégio de freiras. Contrariou, mas nunca rompeu definitivamente com a família graças ao apoio que sempre recebeu do pai, um abolicionista, revolucionário para a sua época.

Sobreviver na cidade exigia trabalhar, verbo até então impossível de ser conjugado pelas mulheres da família Studart. O primeiro emprego de Heloneida no Rio, ainda na juventude, foi comandar uma biblioteca ambulante que levava livros, cinema e palestras aos bairros operários. Pela porta da cultura, aproximou-se da esquerda e fundou o Sindicato de Entidades Culturais, que presidiu até 1969, quando foi presa e cassada pela ditadura militar. "Eu estava com meu filho caçula no colo quando entrou o noticiário dizendo que a ditadura havia começado. Fiquei olhando o

Brasileiras

bebê dormir, estava estarrecida. Tudo o que eu previ de pior naqueles minutos aconteceu nos dias seguintes."

O gosto pelas letras, manifestado desde muito cedo – aos 16 anos ela havia sido colunista do jornal *O Nordeste* –, levou Heloneida ao jornalismo carioca a partir de 1956, quando começou a trabalhar no *Correio da Manhã*. Durante praticamente toda a década de 1970, Heloneida foi redatora da famosa revista *Manchete*.

Além de cassada, Heloneida também foi presa. Da experiência de ter ficado enclausurada no presídio São Judas Tadeu, escreveu o teledrama *Quero meu filho*, exibido pela tv Globo. A história retratava a realidade de uma presa que podia permanecer com o filho na cela, desde que a criança não chorasse ou atrapalhasse outras presas.

Pouco depois, desempregada e perseguida pela ditadura, lançou o livro *Mulher – objeto de cama e mesa*, no qual aborda a opressão às mulheres. Com este e outros textos, Heloneida engajou-se na onda feminista que renasceu no Brasil na segunda metade da década de 1970. Participou do Congresso Internacional de Mulheres realizado no México, em 1975. "Todas as mulheres tinham uma queixa em comum, a opressão dos homens. Isso me motivou muito e eu nunca mais parei de lutar pelo feminismo." A unanimidade da opressão das mulheres pela violência a impressionou.

De volta ao Brasil, Heloneida foi uma das fundadoras do Centro da Mulher Brasileira, instituição que fez história no feminismo no Brasil. Eram os anos de chumbo e as feministas brasileiras tiveram decisiva participação na luta pela anistia política, defendendo a volta de filhos, maridos e pais que estavam exilados por conta das perseguições do regime militar. A campanha pela Anistia, que começou em 1978, permitiu a volta ao país de todos aqueles perseguidos pela ditadura militar. "Foram as mulheres quem mais lutaram pela democratização. Fui a segunda a assinar o requerimento da Anistia."

Foi atuando nessas três vertentes – militância feminista, política partidária de esquerda e letras – que Heloneida se transformou numa romancista com doze livros publicados e autora de teatro reconhecida pelo público. Seu texto *Homem Não Entra* foi encenado no teatro e ficou em cartaz durante cinco anos defendendo bandeiras de avanço e promoção das mulheres. Na década de 1980, foi redatora e produtora do programa de rádio de Cidinha Campos na Tupi, no Rio de Janeiro, no qual se discutia a emancipação da mulher. Naquele momento, alinhar-se à causa feminista significava ser tachada de homossexual, perseguida e estigmatizada. Doía ver os filhos serem discriminados, mas hoje é com uma gargalhada aberta que a avó Heloneida relembra os episódios. "Um dia, estava no palanque e um dos meus filhos, que na época era adolescente, permanecia na plateia. Enquanto eu falava para o público, ele ouviu um homem que estava ao seu lado dizer que eu era uma conhecida sapatona."

A fala franca impulsionou a carreira política de Heloneida, que começou em 1978 no PMDB, partido pelo qual foi eleita deputada estadual no mesmo ano, com sessenta mil votos. Em 1989, ingressou no PT e hoje cumpre o sexto mandato de deputada estadual. É com outra gargalhada que ela lembra que, em nome da militância a favor da causa, já fez tantas passeatas que, somado o percurso de todas, acredita que daria para ter dado a volta ao mundo a pé.

Casada, mãe de seis filhos homens, avó de cinco meninos e duas meninas, ela acredita ter ajudado a construir um mundo melhor para suas netas. "Apesar de estarmos em um mundo com muito mais liberdade para as mulheres, o feminismo ainda precisa ser aperfeiçoado." Heloneida continua trabalhando pelos mesmos objetivos: mostrar que, apesar de todos os avanços, ainda existe muita desigualdade entre homens e mulheres.

Ideologia não dá caráter a ninguém

Dudu Cavalcanti/N Imagens

Jacqueline Pitanguy

por *Carla Rodrigues*

A primeira batalha que Jacqueline liderou foi vencida ainda na infância. Aos 13 anos, insatisfeita com os padrões autoritários da tradicional escola católica em que estudava, conseguiu dos pais a transferência para um colégio mais flexível, como a educação que recebia em casa. "Eu tive um pai médico e uma mãe que acreditava na justiça social. Com eles e meus irmãos, aprendi a compreender muito mais do que julgar. Cresci em uma família humanista."

Esse exercício de liderança seria o primeiro que marcaria sua longa trajetória política delimitada por uma experiência que considera inesquecível: incentivada pela família, foi estudar em um colégio nos Estados Unidos. Era a década de 1960 e o país passava por grandes transformações. Numa visita a Casa Branca, ela chegou a ser apresentada ao presidente John Kennedy com um grupo de estudantes estrangeiros. Desse período, ela guarda a sensação de que, ainda bem jovem, sua vida passava por velozes mudanças. "Pude descobrir uma vida com um senso de comunidade e de diversidade muito forte e diferente daquela que era apresentada por Hollywood. Com essa viagem, a primeira internacional, a visão de mundo ficou muito maior e a bagagem de vida também."

Aos 19 anos, universitária, ela morava na Europa e viu de perto os movimentos que levaram aos protestos de Maio de 1968. "Eu participei de determinados eventos muito jovem. Isso formou minha consciência de mundo e personalidade." Na década de 1970, já casada, Jacqueline fazia mestrado e vivia no Chile quando o golpe militar pôs abaixo o governo de Salvador Allende. "Tive a chance de estar em determinados lugares em momentos históricos privilegiados." O mais importante deles foram os quatro anos em que presidiu o Conselho Nacional dos Direitos da Mulher. Criado em 1985, quando o Brasil retomava o caminho da democracia, o conselho foi iniciativa pioneira. Reuniu estado e sociedade civil na definição de políticas públicas que atendessem aos interesses das mulheres. "Ao ocupar um cargo de primeiro escalão, me vi lidando com o poder no que tem de difícil, de duro e, ao mesmo tempo, de fascinante. Esse período marcou um grande aprendizado. Foi inesquecível."

O Conselho Nacional de Direitos da Mulher tornou-se um modelo multiplicado em diversos países da América Latina e constitui um marco na implementação de políticas públicas de gênero no Brasil. A Constituição de 1988 reflete a importância do Conselho para as mulheres brasileiras: na estimativa de Jacqueline, 80% das reivindicações políticas foram atendidas. "Nós tínhamos como missão construir uma agenda para as mulheres em um curto espaço de tempo político."

Quando assumiu a presidência do conselho, tinha então dez anos de militância feminista e, mais do que isso, de militância de esquerda. Na sua lembrança dessa época está o grande encantamento que o feminismo exercia como novo movimento social no país. Desse tempo, ela acredita, o mais importante foi a construção de uma bandeira feminista que se colocava contra a ditadura militar que se estendia por toda a América Latina ao mesmo tempo em que pautava na agenda pública questões ligadas aos direitos das mulheres. "Foi um marco na história das mulheres latino-americanas."

O feminismo chegou na vida de Jacqueline para responder a questionamentos com os quais se confrontou quando, professora da PUC-Rio, começou a pesquisar informações sobre mercado de trabalho. A desigualdade entre homens e mulheres foi chocante. "Comecei a procurar parceiras nessa minha inquietude." Os números levaram-na a incluir na visão política a questão de gênero. "Até a década de 1970, era mais marxista e socialista e menos preocupada com o fato de ser mulher."

A atuação de Jacqueline ultrapassa o cargo de diretora da Cepia (Cidadania, Estudo, Pesquisa, Informação, Ação), organização não governamental que criou em 1990. Fundadora do Fórum da Sociedade Civil das Américas, ela integra a rede de organizações que atuam na área dos direitos humanos no continente. Esse juízo a respeito da importância da aglutinação de forças na América Latina ela formou a partir do período em que viveu no Chile, e desde então constrói o que chama de "visão global da defesa dos direitos humanos e dos direitos das mulheres".

A rotina dessa carioca é o permanente exercício de conciliar a divisão de seu tempo entre a família – os três filhos, a neta de um ano – e as viagens internacionais constantes para reuniões das diversas instituições estrangeiras que integra. "Se eu pudesse aprontar o cenário mundial para minha neta, gostaria que ela vivesse em uma sociedade com mais justiça social, mais solidariedade, mais respeito à diversidade, maior cuidado com o meio ambiente, e na qual não encontrasse em legislações, em culturas ou em religiões, barreiras que a impedissem de florescer."

A característica do movimento feminista é a busca de interlocução com o outro. A guerra acontece quando falham os canais de expressão dos conflitos

Nair Benedicto/N Imagens

Joênia Batista de Carvalho

por *Patrícia Negrão*

O olhar é direto. As palavras saem para acertar o alvo – como uma flecha bem lançada. Essa índia wapichana é de sorriso difícil. Já viu muito sofrimento e presenciou todo tipo de violação contra seu povo. Joênia Batista de Carvalho é a primeira mulher indígena a se formar advogada no Brasil. Nasceu e estudou em Roraima, um dos estados com maior desrespeito aos direitos indígenas do país.

Formou-se para "defender seu povo" e hoje atende a cerca de 280 comunidades em todo o estado. Única advogada do Conselho Indígena de Roraima (CIR), ela atua sobretudo pelos direitos territoriais dos índios. Faz também assessoria jurídica, orientando vítimas de perseguição, ameaça, tortura ou discriminação racial. Além disso, é articuladora política, ou seja, serve de ponte entre os índios e as autoridades governamentais, denunciando arbitrariedades e exigindo o cumprimento dos direitos.

Aos 31 anos, Joênia já recebeu várias ameaças de morte e é alvo constante de críticas de fazendeiros, posseiros e políticos locais. Contra os opositores, usa a tática desenvolvida na infância: enfrenta a todos de cabeça erguida. Até completar 8 anos, a pequena índia não conhecia a ganância humana. Vivia na mata, de aldeia em aldeia. "Meu pai acredita que é perseguido por um espírito, por isso não permanecíamos muito tempo em um único lugar."

Um dia a mãe, cansada de tanta andança, resolveu fincar raiz. Mudou-se para Boa Vista e colocou os quatro filhos na escola. Joênia aprendeu a ler, a fazer contas e a se defender. Na escola, mexiam com ela por ser índia e muito pobre – era a única que morava em casa de palha; a mãe vendia banana, farinha e vinho de buriti para dar de comer aos filhos. A menina retrucava às gozações das outras crianças e aos olhares curiosos dos adultos. A mãe mandava calar-se. "Mas eu nunca abaixei a cabeça."

Cabeça erguida, confrontou todo tipo de preconceito. Entrou em quinto lugar na Faculdade de Direito da Universidade Federal de Roraima. "Duvidavam que eu terminaria os estudos. A maioria dos alunos – filhos de juízes, promotores, políticos – perguntava o que eu estava fazendo ali." Não só conseguiu o diploma, mas sobretudo fazer-se ouvir. Joênia é hoje referência nacional reconhecida por ONGs nacionais e internacionais, pelos poderes públicos e pelos índios, muitos deles até então pouco acostumados a lideranças femininas.

Conquistou seu espaço entre os índios aos poucos. "Com respeito e compromisso." Consulta as comunidades indígenas, discute o problema em questão, esclarece dúvidas, ouve e acata as decisões tomadas em conjunto. "A cultura ocidental não compreende o tempo dos indígenas."

Joênia usa o conhecimento para conscientizá-los. Desde 2001, coordena um programa de capacitação e formação de lideranças indígenas de todo o estado. Nos cursos – que duram em média três dias –, são discutidos desde direitos fundamentais como saúde e educação até questões territoriais e ambientais. E coordena o projeto Balcão de Direitos, realizado pelo Conselho Indígena de Roraima em parceria com a Sub-Secretaria de Direitos Humanos da Presidência da República e o Programa Justiça Móvel do Tribunal de Justiça de Roraima. Sem sair das aldeias, os índios retiram certidão de nascimento, carteira de identidade, solicitam salário-maternidade, auxílio-doença, aposentadoria, entre outros direitos.

Premiada aqui e no exterior, Joênia também viaja muito pelo país e para os Estados Unidos e Europa, onde participa de conferências e seminários

Joênia Batista de Carvalho

sobre direitos indígenas. Em 2004, ela denunciou na Comissão Interamericana de Direitos Humanos da Organização dos Estados Americanos (OEA), em Washington, a omissão do governo brasileiro frente a violações contra os povos indígenas e contra a lentidão para homologar a região Terra Indígena Raposa Serra do Sol, localizada a noroeste de Roraima.

Esse território de 1,67 milhões de hectares, no qual vivem quinze mil índios das etnias macuxi, wapichana, ingarikó, taurepang e patamona, é uma das áreas de maior conflito no país entre índios e posseiros, a maioria produtores de arroz. "Muitos índios foram mortos ali. Aldeias foram queimadas, lideranças e missionários sequestrados e escolas e hospitais destruídos." Jôenia foi criticada por parlamentares, na imprensa nacional, por ter denunciado o país.

O fato é que, depois da denúncia, em abril de 2005, finalmente saiu a homologação encerrando 34 anos de luta e reivindicação da terra. De acordo com a lei, a partir dessa data, os não indígenas têm prazo de doze meses para desocupar a reserva. O reconhecimento legal do território foi comemorado com uma grande festa que durou três dias e três noites. Compareceram cerca de 3,5 mil pessoas entre índios de todo o estado, políticos e representantes de inúmeras entidades ambientalistas nacionais e internacionais.

O olhar brilha, as palavras abrandam e o sorriso aparece quando Joênia está na aldeia, no meio de seu povo, dormindo em rede, banhando-se em igarapé. Recorda as férias da infância e juventude, período em que ia se encontrar com o pai. "Mesmo vivendo na cidade, nunca perdi minha raiz nem deixei de conviver com minha gente." Hoje a "professora", como é chamada respeitosamente pelos índios, defende seu povo com coragem e lhe ensina a não silenciar mais diante das violações que sofre constantemente.

Os direitos indígenas são inegociáveis

Dudu Cavalcanti/N Imagens

Jurema Batista

por *Carla Rodrigues*

Os minúsculos quartos de empregada dos apartamentos de classe média acomodam tudo o que as famílias não querem mais, inclusive livros e revistas velhas. Foram essas sobras que alimentaram o interesse pela leitura da criança Jurema Batista, que passava a semana com a mãe na casa onde ela trabalhava como empregada doméstica. Mãe e filha dividiam o pequeno espaço com as bugigangas e livros que iniciaram Jurema na leitura. Só voltavam para o morro do Andaraí, onde moravam, para passar os finais de semana de folga. "Os gibis começaram minha paixão, mas eu lia de tudo. A leitura ajudava a superar as dificuldades inclusive na favela, pois me transportava para diversos mundos com realidades diferentes da minha." Desse período, a lembrança mais marcante foi a leitura de *O Triste fim de Policarpo Quaresma*.

Foi assim que ela conheceu a primeira das suas paixões: a literatura brasileira, que a levou à universidade, onde se formou em Letras, embora viesse de uma família pobre, na qual o acesso ao mundo acadêmico jamais havia sido sonhado. Muito antes de conquistar o diploma de professora, ainda menina já dava aulas de reforço escolar para a comunidade carente onde vivia. "Eu tinha facilidade muito grande para aprender e comecei a auxiliar as crianças e passar leituras. Eu sempre achei que era preciso

Brasileiras

estudar com afinco para ser alguém. Quem tem educação é capaz de conquistar o mundo." A vida entre a casa de família onde a mãe trabalhava e a favela do Andaraí deu à Jurema também a consciência da diferença entre ricos e pobres. "Cresci com essas duas visões de mundo. É daí que vem a minha indignação."

Da infância, Jurema também guarda uma tristeza. "Ao viajar para os Estados Unidos, os patrões de minha mãe me prometeram um presente. No dia da chegada, todos os parentes estavam reunidos e receberam um bonito pacote. Eu estou esperando pela lembrança até hoje." Nesta época, também era forte o desejo de ser uma criança como as outras, com uma cama só para ela e brinquedos. "A comparação com as outras meninas ajudou a ser a mulher forte que sou. Viver entre dois mundos me fez perceber que havia uma vida melhor que poderia ser conquistada."

O sentimento de injustiça social, sempre presente em sua história, ganhou força na década de 1980, quando um jovem trabalhador foi assassinado durante uma batida policial na favela em que vivia. "Nós não tínhamos direito nenhum. A polícia representava a presença do Estado na favela." Nesse episódio, Jurema mobilizou os vizinhos e fundou a primeira associação de moradores de uma comunidade pobre. "Eu estava em sala de aula ministrando alfabetização para adultos através do método Paulo Freire. Naquele dia, a palavra era vida. Começamos a discutir seu conceito, seu significado e como as pessoas que viviam na favela não tinham direitos, foi então que tudo começou."

Jurema acabou eleita presidente da associação de moradores quase por acaso. "Na época, andamos por toda a favela buscando um homem que aceitasse o cargo de presidente. Tentamos de todas as maneiras, mas nenhum quis. Na reunião, meu nome foi sugerido e todos aprovaram. Era curioso, pois somente homens ocupavam essa posição em suas comunidades."

Buscando justiça pelo jovem morto, ela trabalhou para responsabilizar o culpado, que foi processado e condenado por assassinato. Foi durante o julgamento que tomou consciência do problema do racismo no Brasil. "O advogado de defesa disse que o rapaz havia sido morto porque a polícia sempre confundia preto com bandido. Essa afirmação mexeu muito comigo." Daí para a militância no movimento negro foi um pulo. Foi onde descobriu que, entre os negros, havia uma categoria mais excluída: as mulheres. "Ser mulher negra neste país é uma barra muito pesada." A nova descoberta motivou a militância no feminismo. Em 1982, fundou a Associação de Moradores do Morro do Andaraí. Em 1985, foi fundadora da organização não governamental Nizinga Coletivo de Mulheres Negras.

Militante do movimento de favelas, do movimento negro e do movimento de mulheres, Jurema adquiriu bagagem e apoio político suficientes para disputar um mandato de vereadora em 1992. "Eu achava que não iria ganhar e só fui me dar conta quando comecei a ver as aglomerações ao meu redor." Eleita com muitos votos, praticamente todos sempre conquistados no Andaraí, ela já cumpriu três mandatos de vereadora e um de deputada estadual. Atualmente, preside a Comissão de Combate às Discriminações e Preconceitos de Raça, Cor, Etnia, Religião e Procedência Nacional.

No Andaraí ela mora até hoje: trocou a favela pelo bairro, mas não se afastou das raízes. Mãe de três filhas, avó de uma menina batizada como Elis Jurema, numa homenagem a ela e à cantora Elis Regina, Jurema tem orgulho de ter dado às suas meninas a chance de entrar para a universidade. "Foi uma grande virada pessoal."

A paz só existirá quando todas as pessoas perceberem
a potencialidade nas diferenças

Paula Simas/N Imagens

Lair Guerra de Macedo

por *Fernanda Pompeu*

A aids – síndrome da imunodeficiência adquirida – chegou matando muita gente e assustando todo o planeta. Ninguém sabia direito do que se tratava. Até que descobriram o vírus causador da epidemia: o HIV, transmitido pelo sangue e pelos fluidos sexuais. Nos anos 1980, o número de brasileiros infectados crescia em ritmo acelerado. Pelas contas do Banco Mundial, se nada fosse feito, o Brasil chegaria ao ano 2000 com mais de um milhão de pessoas portando o vírus.

Para parar a sangria de vidas eram necessárias respostas rápidas por parte do Estado. Depois de muito hesitar, em 1986, o Ministério da Saúde esboçou um programa nacional de combate à aids. Convidou para dirigi-lo uma doutora em Microbiologia e Infectologia. Lair Guerra de Macedo não só aceitou o enorme desafio, como entregou-se inteiramente à tarefa. O Ministério da Saúde deixou à sua disposição: uma salinha, um telefone e uma secretária.

Foi começar quase do zero. Faltavam recursos materiais e humanos para fazer o Programa andar. Lair Guerra não fraquejou. Pegou aviões, carros, barcos para ajudar a formar o pessoal da Saúde. Correu atrás de dinheiro no Brasil e no exterior. Como a epidemia era recente, as pessoas tinham dúvidas

Brasileiras

quanto às formas de transmissão do vírus e não acreditavam que a aids fosse uma ameaça para todos.

A diretora do Programa teve de aliar conhecimento científico com estratégias políticas de comunicação. Surgiram as campanhas nacionais de rádio, televisão, mídia impressa. As palavras *aids, HIV, transmissão, prevenção, preservativo, solidariedade* correram céleres pelas veias do país.

O cerne do trabalho de Lair e de sua equipe compreendia duas frentes simultâneas. Por um lado, informações e meios que ajudassem a prevenir o HIV. Por outro, as buscas de solidariedade e de qualidade de vida para as pessoas infectadas. Tarefas nada simples, pois tinham de demover o preconceito, a falta de dinheiro e a burocracia da máquina estatal.

Os ponteiros do relógio eram mais lentos do que a velocidade de propagação do vírus. Para não perder tempo, Lair Guerra suspendeu o hábito de almoçar, cercou-se de sanduíches e de sucos. Com empenho de horas, dias, meses conseguiu que o Ministério da Saúde fiscalizasse os Bancos de Sangue espalhados pelo país para evitar contaminação.

Verdade que ela não estava sozinha. Lair ouvia atentamente o que tinham a dizer as organizações não governamentais ligadas ao trabalho com o HIV/aids. "As ONGs foram fundamentais para a construção de políticas públicas de enfrentamento da doença e de proteção dos portadores." A cientista nunca professou a "ciência pura", desligada das questões humanas e sociais. "A ciência existe para favorecer o bem estar das pessoas."

Em 1990, com a chegada de Fernando Collor de Mello ao Planalto, Lair e o Programa Nacional de DST/aids sofreram um baque. Ela foi sumariamente destituída. "Saí em prantos, pois tinha certeza de que não havia concluído meu trabalho." Dois anos depois, com as malas prontas para ensinar nos Estados Unidos, foi chamada de volta.

Agora a luta era para universalizar os medicamentos antirretrovirais, o popular "coquetel" contra a aids. Mais uma vez, ao lado das ONGs e apoiada pela Constituição – que diz ser "a saúde direito do cidadão e dever do Estado" –, Lair Guerra conseguiu que todos os que precisassem tivessem acesso gratuito aos medicamentos. O Programa, dirigido por ela, cresceu e tornou-se referência para os países pobres.

Não obstante o sucesso, ela sabia que não estavam nem na metade do caminho. Havia de formar cada vez mais profissionais de qualidade na luta contra o vírus. Havia de educar cidadãos para a solidariedade com as pessoas vivendo com HIV/aids. Em agosto de 1996, ela foi para mais uma viagem. Dessa vez, tratava-se de uma palestra no XIX Congresso Brasileiro de Infectologia, em Recife.

Foi então que o destino aprontou feio. Ao deixar o Congresso, a caminho do hotel, um ônibus avançou o semáforo e bateu em cheio no carro que a transportava. Lair Guerra, nascida em 1943, mãe de cinco filhos, sofreu traumatismo craniano e passou dois meses em coma.

Nos dias atuais, o Programa Nacional DST/aids, arquitetado por Lair Guerra, é modelo na luta contra a doença e o preconceito. Ele coleciona elogios em todo o mundo. Em 2005, segundo números oficiais, foram 346 mil casos notificados de aids. Desse universo, todos os que necessitam têm acesso gratuito ao tratamento e à Leis de proteção.

O estúpido desastre tirou Lair Guerra do que ela mais amava: o trabalho contra uma doença gravíssima. Hoje, ao lado do marido Florêncio, ela vive seus dias empenhada em outra luta: tenta superar as graves sequelas do acidente. Ela tem comprometidas a locomoção, a fala e trechos da memória.

Mas não desiste. Quer escrever um livro sobre os "anos heroicos" de construção e implantação do grande programa contra a aids. O livro de Lair Guerra de Macedo pode demorar um pouco, mas, se depender de sua determinação, ainda o leremos.

Trabalhei sem trégua para livrar os brasileiros da aids

Dudu Cavalcanti/N Imagens

Leila Linhares Barsted

por *Carla Rodrigues*

Criada numa família de três irmãs e três irmãos, Leila recebeu de seus pais educação marcada por valores de igualdade no acesso à educação e no estímulo à vida profissional. Mas no que se referia à vivência da sexualidade e a transitar livremente pelo mundo, ficava claro que homens e mulheres não eram exatamente iguais. Hoje, essa carioca mãe de três filhos e avó de uma menina faz questão de ensinar à neta a pronunciar uma frase que considera fundamental na sua trajetória: "Homens e mulheres têm os mesmos direitos".

A sensibilidade para com as injustiças marcou a adolescência de Leila, que lembra com carinho da educação laica que recebeu no Instituto Lafaiete. Leituras como as crônicas de Paulo Francis e de Nelson Rodrigues, e os textos de Jorge Amado e de Marques Rabello também a impressionaram vivamente. Mais tarde, autores como Machado de Assis e Simone de Beauvoir povoaram sua imaginação de adolescente. "A década de 1960 ficou marcada pelo conhecimento da realidade política e social do Brasil, pelo ressurgimento da busca pela liberdade e da preocupação com a paz mundial." Leitora assídua de jornais desde muito cedo, Leila tinha a curiosidade estimulada tanto na escola quanto no ambiente familiar. A opção pela advocacia recebeu forte influência quando, na formatura de seu irmão, emocionou-se com o orador. "Ele fez um discurso de vanguarda, tão forte que me fez escolher essa carreira."

Brasileiras

Ela ainda estudava Direito quando se engajou no movimento estudantil, que na década de 1960 fervilhava no Brasil. "Fomos uma geração sonhadora, com anseios coletivos e muita ideologia. Tínhamos a ideia de mudar o mundo e na vida privada queríamos um modelo de relação diferente da dos nossos pais." A militância de esquerda a levou a defender presos políticos, vítimas da ditadura militar no país, trabalho que realizou sem ter ainda a compreensão de que, para as mulheres perseguidas pela ditadura, a situação era ainda mais complicada, já que além de enfrentar o preconceito, também estavam sob a mira da repressão.

É com voz calma e um jeito doce que essa advogada, militante do movimento feminista há trinta anos, tem defendido o direito das mulheres. O envolvimento de Leila com o feminismo surgiu como resposta a questões que a sua militância política não atendia. "Nas lutas contra a ditadura, a questão de gênero simplesmente não aparecia. Eu tinha um questionamento muito profundo que precisava de respostas." A releitura do livro *O Segundo Sexo* de Simone de Beauvoir foi fundamental. Ela também lembra com orgulho de ter participado, em 1975, no Rio de Janeiro, da fundação do grupo Ceres e do Centro da Mulher Brasileira, experiências pioneiras do novo feminismo no Brasil. Nesse mesmo ano, foi uma das organizadoras do encontro sobre o Papel e o Comportamento da Mulher Brasileira. "Esse foi um marco para a militância feminista. A partir desse Encontro, foi elaborado um histórico documento com uma análise do cenário da mulher no país."

Alguns anos depois, foi o tema da violência que sensibilizou Leila. Percebeu que grande parte das queixas das mulheres, de qualquer parte do mundo, de diferentes classes sociais e econômicas, era sobre esse tema. "Os fatos que vinham à tona eram apenas a ponta do *iceberg*. As mulheres vivenciavam um processo de violência silenciosa com muitas humilhações e ofensas e não encontravam canais para reclamação e apoio."

Por causa da mobilização contra a violência, Leila contribuiu ativamente no processo de redemocratização do Brasil, participou do movimento que ajudou a criar as primeiras delegacias de mulheres, em meados da década de 1980, e ajudou a sacramentar na Constituição de 1988 a igualdade entre homens e mulheres na vida pública e na vida privada. Leila participa da Comissão de Segurança da Mulher do estado do Rio de Janeiro, que tem como tarefa monitorar e pressionar o governo em ações como a criação e manutenção de delegacias especializadas, abrigos para mulheres vítimas de violência e centros de atenção à saúde. É coordenadora do comitê de peritas criado pela Organização dos Estados Americanos para impulsionar a Convenção de Belém do Pará, instrumento legal voltado para a eliminação da violência contra a mulher. Recentemente, integrou um grupo de advogadas que propôs nova lei para casos de violência doméstica. "A legislação em vigor não se preocupa com a segurança das mulheres e acaba por estimular um alto grau de impunidade nos crimes cometidos no âmbito familiar."

No trabalho que desenvolve na Cepia, organização não governamental que ajudou a fundar em 1990, sua agenda tem outro item fundamental: a defesa da legalização do aborto. Como diretora da Cepia, Leila está nas Jornadas pelo Direito ao Aborto Legal e Seguro, que luta pela descriminalização do aborto no país. O tema dos direitos sexuais e dos direitos reprodutivos está na sua pauta de trabalho não é de hoje. Leila foi uma das profissionais que trabalhou na redação do texto da Lei do Planejamento Familiar, promulgada no país em 1996, que reconhece o direito das mulheres a condições seguras de contracepção.

A fraternidade entre as mulheres foi fundamental para
a criação do movimento feminista no Brasil.
É o que mantém o movimento forte até hoje

Nair Benedicto/N Imagens

Lenira Maria de Carvalho

por *Patrícia Negrão*

Há mais de cinquenta anos a fundadora do Sindicato dos Trabalhadores Domésticos de Recife persegue os ideais aflorados na juventude: conquistar direitos para a categoria e valorizá-la. Lenira Maria de Carvalho disse não a pedidos de casamento e a propostas de outros empregos. Seguiu solteira, trabalhadora doméstica e com a determinação de mudar a realidade de milhares de mulheres com histórias semelhantes à sua.

No silêncio dos cômodos reservados às empregadas da casa grande de um engenho de cana-de-açúcar, na zona da mata alagoana, nasceu Lenira, em 1932. A mãe, negra e solteira, dava à luz mais uma criança da relação com um dos capatazes brancos da fazenda.

Sem pai nem casa própria, Lenira dividiu a cama com a mãe e a irmã, comeu sobras de comida e cresceu despercebida em um lar que não era seu. Não gostava de viver ali; tinha medo de que acontecesse com ela o mesmo que com a mãe. "Ela era como mercadoria dos donos do engenho. Trabalhou a vida inteira e não conheceu dinheiro."

O olhar crítico da menina aguçou-se quando, com 14 anos de idade, ouviu da mãe que só levava aquela vida por causa dos filhos. "Decidi não ser um peso para ela." Lenira mudou-se para Recife, em Pernambuco, onde foi cuidar das crianças de um dos filhos do proprietário do engenho.

Brasileiras

Como a mãe, passou a enfrentar, de segunda a segunda, jornada de mais de doze horas. Ao contrário da mãe, não se conformava. Rezava o rosário de joelhos e fazia jejum para mudar de vida. "Mas a revolta e a angústia só cresciam dentro de mim. Me perguntava o por quê de tanta exploração."

A vontade de aprender era tão grande quanto a de mudança de vida. Com a ajuda da cozinheira da casa, Lenira conseguiu matricular-se, à noite, em uma escola de freiras, onde concluiu o curso primário. Já as respostas para suas indagações surgiram mais tarde, quando ela começou a frequentar as reuniões da Juventude Operária Católica (JOC). Estava com 24 anos e ouviu, pela primeira vez, sobre direitos como salário mínimo, férias e carteira assinada. Gostou tanto que chamou as meninas da sua rua e depois as do bairro todo para as reuniões.

O entusiasmo da jovem chamou a atenção dos padres. Lenira foi convidada a ser missionária da JOC. Aceitou a proposta e mudou-se para a sede da entidade, onde viviam cerca de trinta jovens trabalhadores urbanos e rurais. Participava das reuniões de formação e organizava encontros regionais e estaduais com outras trabalhadoras domésticas. Em 1º de maio de 1963, viveu um dos momentos mais marcantes de sua luta: a primeira passeata das trabalhadoras domésticas no Brasil, em Recife. Participaram mulheres de várias cidades do Pernambuco, da Paraíba e até do Ceará. "Estávamos finalmente nos fortalecendo como categoria."

Mas chegou 1964. Com o Golpe Militar, veio a repressão. Lenira foi levada à prisão, onde tentaram amedrontá-la. Não conseguiram. Saiu logo. O movimento enfraqueceu, mas ela continuou discretamente nas ruas, entregando boletins, conversando e mobilizando as trabalhadoras domésticas.

Um ano depois, terminado o prazo do serviço como missionária, recebeu propostas para assumir outros cargos. Decidiu, porém, não abandonar o serviço de doméstica. "Eu sabia que, para lutar por elas, tinha de ser igual a elas." E, além disso, queria criar a associação da categoria.

Arrumou novo emprego e moradia no apartamento de um casal. À noite e nos finais de semana, com outras parceiras, ia para as calçadas convencer outras domésticas da importância de se associarem.

Foram necessários mais de dez anos para que, finalmente, conseguissem juntar o número suficiente de mulheres e fundar a associação, em 1979. "As trabalhadoras domésticas trabalham isoladas, a maioria dentro de apartamentos. Não é como em uma fábrica, onde as funcionárias discutem seus problemas."

Em 1985, a associação organizou o v Congresso Nacional. Compareceram lideranças de todo o país. Unidas, partiram para nova luta: terem seus direitos reconhecidos na Constituição de 1988. Vitoriosas, adquiriram a maioria dos benefícios que os trabalhadores já possuíam: férias, aviso prévio, 13º salário, entre outros.

Lenira não perdeu tempo. Um mês depois de aprovada a nova Constituição, fundou o Sindicato dos Trabalhadores Domésticos na Área Metropolitana da Cidade de Recife, para o qual foi eleita presidente. Com sua equipe, implantou um curso de formação para dirigentes sindicais e elaborou a cartilha *O Valor Social do Trabalhador Doméstico*. Em parceria com a organização feminista SOS Corpo, passou a oferecer oficinas sobre corpo, sexualidade e saúde para as filiadas. Hoje, o Sindicato atende, por ano, cerca de sete mil trabalhadores.

Aos 72 anos, Lenira segue incansável. Atual diretora do Sindicato dos Aposentados de Recife, sua briga agora é para que a categoria tenha direito à casa própria e à aposentadoria digna. "Muitas mulheres que hoje pedem esmolas e moram nas ruas foram trabalhadoras domésticas." Elas vêm do interior para a capital ainda meninas. Perdem o contato com suas famílias e, não raro, nem se lembram de suas origens. "Trabalham desde crianças na casa de estranhos. Quando envelhecem, não têm para onde ir."

O maior direito humano é a preservação da dignidade

Paula Simas/N Imagens

Luci Teresinha Choinacki

por *Patrícia Negrão*

Mulheres com chapéus de palha e chinelos, vindas de todo o Brasil, entram na Câmara dos Deputados em Brasília. Fato inédito até então. O ano era 1992. As agricultoras pressionavam o governo para que aprovasse a aposentadoria da categoria. "Pela primeira vez na história do país, trabalhadoras rurais lotaram o plenário. Não para pedir favor, para exigir seus direitos." Direitos finalmente conquistados depois de vários anos de árdua atuação de lideranças de todo o país. Entre elas, a sulista boa de briga Luci Choinacki. Primeira camponesa a ser eleita deputada federal no Brasil, ela enfrenta o machismo, o preconceito e o conservadorismo desde o início da carreira política.

Em 1986, a descendente de colonos poloneses foi eleita deputada estadual em Santa Catarina, estado onde nasceu e se criou. Na Assembleia Legislativa, era a única mulher e única petista entre 39 deputados. Ouviu desde comentários preconceituosos sobre sua origem humilde e grau de instrução – não completou o estudo fundamental – até sobre suas roupas – gostava de usar minissaias. "Havia uma aposta entre eles de que eu não aguentaria seis meses." Não só aguentou como, quatro anos depois, chegava a Brasília, como deputada federal.

Primogênita de uma família de pequenos agricultores, Luci nasceu em Descanso, 700 km a oeste de Florianópolis, e teve de deixar os estudos aos 12 anos. A mãe doente e o pai falido não davam conta de sustentar sozinhos os outros seis filhos. "Meu pai me arrancou da sala de aula para a roça. Eu tirava notas boas, recitava nas comemorações e ajudava a professora a corrigir lições dos outros alunos."

Aos 17 anos, na tentativa de mudar de vida, Luci casou-se. Continuou a trabalhar, agora em outro pedaço de terra, e a cuidar de crianças. Logo nascia o primeiro dos quatro filhos. Participava de trabalhos voluntários da Igreja Católica, mas a militância política começou mesmo em 1982, quando o marido a levou a um comício eleitoral de candidatos petistas. Luci fez várias perguntas e aprovou o que ouviu. Voltou para casa com dezenas de panfletos que distribuiu na vizinhança. O PT começava a se estruturar em Santa Catarina. Ela se filiou ao partido e, pouco tempo depois, assumiu a secretaria-geral em sua cidade e participou da fundação de vários núcleos na região. "Foi como se eu tivesse recuperado a vontade reprimida na infância de aprender e de atuar."

Começou também a reunir as agricultoras da cidade. Ao lado de outras lideranças, ajudou a organizar o Movimento de Mulheres Agricultoras, que se fortalecia em todo o país. Assumiu a coordenação do Movimento na região oeste de Santa Catarina e passou a circular pelos municípios mobilizando as trabalhadoras do campo.

Sobrava pouco tempo para cuidar dos filhos e do marido, o que resultou em severas críticas a seu comportamento como mãe e esposa. Luci sofria, mas não desistia. "Era um momento muito importante. Estávamos construindo nossas bandeiras de luta: sindicalização, documentação e participação política."

Em 1985, ela e sua equipe chegaram a reunir até duas mil agricultoras nos encontros do Movimento de Mulheres Agricultoras. Sua atuação firme e obstinada chamava cada vez mais a atenção. Mesmo sem fazer parte do Movimento dos Sem-Terra, foi escolhida como sua representante no Congresso de Trabalhadores Rurais da região oeste. Luci não sabia muito sobre reforma agrária e, mais uma vez, fez muitas perguntas. Característica da infância, nunca teve medo de esclarecer suas dúvidas. Pouco tempo depois, no Primeiro Congresso Nacional dos Trabalhadores Sem Terra, em Curitiba, ela falou sobre o assunto para cinco mil participantes.

Trazia também para o povo de sua região a experiência acumulada na luta de outros movimentos. Ajudou a organizar a primeira ocupação de terra em Santa Catarina. Como estava grávida do quarto filho, não participou diretamente do manifesto, mas atuou na comissão de apoio aos acampamentos dos militantes.

Incentivada por muitas trabalhadoras rurais, Luci elegeu-se deputada estadual em 1986. "Eu não conhecia o poder, mas trazia comigo a luta dos pobres e das mulheres submetidas ao machismo da sociedade e dos maridos."

Abriu a porta de seu gabinete para trabalhadores rurais, sem-terras, sindicalistas, professores. O marido, entretanto, não aceitava a ascensão política e o casamento chegou ao fim. Luci teve de cuidar sozinha dos quatro filhos, o mais novo deles com deficiência que exige atenções especiais. O acúmulo dos afazeres domésticos e a intensa pressão social mais uma vez não a derrubaram.

Em 1990, foi eleita deputada federal. As trabalhadoras rurais finalmente passaram a ter uma representante em Brasília. Aos três meses de mandato, Luci comemorou sua primeira proposta aprovada: salário maternidade para as agricultoras, extrativistas e pescadoras. Em seguida, elas obtiveram o direito à aposentadoria. Luci quer mais. Garante que não sossega enquanto não conseguir do governo "políticas que de fato propiciem à mulher autonomia e emancipação econômica, como abertura de maior número de creches, cursos profissionalizantes, divisão de terra". Reeleita pela terceira vez em 2002, comprou outra briga: conseguir o direito do descanso remunerado para as donas de casa que completam 60 anos.

Eu me enxergo em cada mulher pobre e reprimida

Marie Hippenmeyer/N Imagens

Luiza Erundina de Souza

por *Fernanda Pompeu*

O 15 de novembro de 1988 datou a história com uma das maiores surpresas eleitorais do país. Na megalópole São Paulo, as urnas deram a prefeitura para Luiza Erundina de Souza, do Partido dos Trabalhadores (PT). Nesse dia de primavera, mais de um milhão e quinhentos mil votos derrubaram mitos e preconceitos.

Os paulistanos, de nascimento ou adoção, elegeram sua primeira prefeita. Delegaram o poder a uma "mulher do povo", natural de Uiraúna, sertão da Paraíba. Um susto que pegou de calças curtas os institutos de pesquisa, a mídia, os analistas políticos e até mesmo a direção do PT.

Luiza Erundina afirma que o mérito não foi só dela: "Havia uma conjuntura favorável, plasmada por um momento de alta mobilização popular". O financiamento de sua campanha, franzino comparado com os de hoje, foi encorpado pelo trabalho dos militantes e das feministas. Eles rifaram bicicletas, radinhos de pilha, relógios, faqueiros. Organizaram feijoadas, macarronadas e churrascos solidários. Deram festas-baile, festas de rua. Montaram barraquinhas para vender sarapatel e caldinhos de feijão.

Tamanha garra militante tinha coração de ser. Se, para muita gente, Luiza Erundina – nascida em 1934, sétima de dez irmãos – ganhara fama durante a campanha; para outras pessoas, sua vitória significou

Brasileiras

o justo reconhecimento de anos de militância, ombro a ombro, com setores populares.

A história dessa ativista começou na Paraíba. Assistente social, se pôs ao lado dos que lutavam por terra para trabalhar e pelo teto para morar. Em 1971, fugindo da perseguição política, que a impediu de dar aulas na universidade de seu estado, migrou para São Paulo. No "sul-maravilha", como assistente social da prefeitura, seguiu agitando nas vilas e favelas. "Eu encontrei meus irmãos nordestinos amontoados nos barracos e nos cortiços da grande cidade."

Essa mulher, baixinha de estatura, é um varapau de coragem. Por incontáveis vezes foi chamada para áreas de conflito. O povo "invadia" terrenos ociosos, o governo despejava a tropa de choque em cima. Erundina discursava, organizava a resistência, tentava negociar com os policiais. Viveu situações de perigo: levou empurrões, rasteiras e até cacetadas. Os oprimidos souberam retribuir. Em 1982, foi eleita vereadora; quatro anos mais tarde, deputada estadual. Sempre pelo PT.

Seu envolvimento também abrangia outras frentes de luta. A batalha pela implantação de creches, escolas, postos de saúde. A mobilização contra as panelas vazias e o epidêmico arrocho salarial. Os esforços pela qualificação de sua categoria profissional. Corolário: a mulher que chegou à prefeitura de São Paulo tinha uma multidão atrás de si.

Mas, como acontece com todos, a prefeita não escaparia da solidão do poder. "Foram quatros anos de cobranças, ilusões partidas, oposição aguerrida." Também foram quatros anos de avanços. Ela não construiu exatamente túneis e pontes. Ela ajudou a construir cidadania. Pôs os problemas da periferia no centro de sua agenda.

Em sua gestão, não somente construiu hospitais e postos de saúde, discutiu a saúde. Não apenas ergueu escolas e melhorou a merenda, discutiu a educação. Não somente enfrentou o *lobby* das empresas de ônibus, discutiu o transporte. Luiza Erundina de Souza não arredou um milímetro de sua crença de que "todo ato político é pedagógico".

Na prefeitura, cercou-se de mulheres em funções-chave. Foram várias secretárias e coordenadoras. Sua recomendação para as colaboradoras era precisa como feixe de laser: "Cabe às mulheres ocupar espaços de poder e exercê-lo melhor do que os homens". Melhor, no caso, significa trabalhar com sensibilidade e ter zelo extremado com a coisa pública.

Fez história. Formou muita gente dentro da filosofia que apregoa o fundamento número um da democracia: "O poder não é de quem o exerce, mas de quem o delega". Fundamento comumente esquecido pela maioria dos governantes e por um punhado de governados.

Luiza Erundina saiu da prefeitura rigorosamente com a mesma renda pessoal com que entrou. Honestidade raríssima entre seus pares. Uma semana antes da posse, ela reuniu os familiares e alertou: "Vocês são meus entes queridos, mas não esperem vantagem alguma em decorrência do meu cargo". Assim foi.

Depois da prefeitura, contra a vontade de seu partido, foi ministra no governo de Itamar Franco. O caldo entornou: ela e o Partido dos Trabalhadores, do qual foi uma das fundadoras, se desentenderam. Romperam uma relação política e sentimental. Sem deixar o barco à deriva, decidiu filiar-se ao Partido Socialista Brasileiro (PSB), pelo qual elegeu-se deputada federal. Em 2004, tentou novamente a prefeitura de São Paulo. Não deu.

Muita água passou por debaixo da ponte Brasil, desde o 15 de novembro de 1988. No entanto, o significado daquela eleição e a contribuição da "cabeça-chata" Luiza Erundina de Souza seguem nos desafiando. Sua inteireza moral funciona como receituário para o poder das mulheres em prol de uma sociedade mais igualitária.

Sempre quis mudar o rumo das coisas, a começar por mim

Aristides Alves/N Imagens

Mãe Hilda Jitolu

por *Fernanda Pompeu*

Hilda Dias dos Santos passou a infância com problemas de saúde: "Me sentia mal em qualquer lugar, tanto fazia estar na tristeza ou na alegria". Procurados, os médicos nada resolviam. Alguém sugeriu que ela se consultasse com uma mãe de santo. Funcionou. "O candomblé me curou." Ele também ganhou uma futura ialorixá – aquela que comanda um terreiro.

Ela nasceu em 1923, na Quinta das Beatas, bairro de Brotas. Com 13 anos mudou-se, com os pais, para o Curuzu, no bairro da Liberdade – o mais negro dos bairros de Salvador. Foi no Curuzu, em 1952, que Hilda fundou o Ilê Axé Jitolu e, com o trabalho de anos, se tornou "a grande mãe negra".

Como ela, o terreiro surgiu humilde em um barracão de palha. Para sustentar seus seis filhos e fazer o Jitolu andar, ela não vacilou. Vendeu comida em obras, fábricas, pontos de embarcações. Uma negra baiana fazendo do trabalho duro sua fonte de renda, fazendo das obrigações do candomblé sua fonte espiritual, fazendo da solidariedade seu dia a dia.

As portas de sua casa, há mais de cinquenta anos, estão sempre abertas. Por elas entraram, além do presidente da República Luiz Inácio "Lula" da Silva e do ministro da Cultura Gilberto Gil, personalidades nacionais e internacionais. Por elas seguem entrando meninas e meninos de rua, pescadores, quituteiras,

Brasileiras

desempregados. Não importa o que a sociedade diz que você é. Para a ialorixá Hilda Jitolu, todos são rigorosamente iguais.

Por serem gente merecem respeito e acolhida: "O mundo é de Deus, tem espaço para todos." Mas ela também sabe que temos de dar uma mãozinha para Deus, se quisermos um mundo sem discriminações. Tremendamente inteligente, percebeu que preservar e divulgar as tradições negras é flecha certeira para neutralizar o racismo à brasileira – esse que se esconde detrás do biombo da hipocrisia.

Mãe Hilda Jitolu é uma costureira. Não da agulha e da linha. Ela costura o sagrado com o profano, a tarefa com o gozo, a tradição religiosa africana com as lutas contemporâneas contra o racismo. Tece fé, cultura, vida, trabalho, negritude, cidadania em um único tear: seu terreiro na Liberdade.

Seguindo essa trama, Mãe Hilda abençoou, com a permissão dos orixás e dos caboclos, o bloco Ilê Aiyê, criado em 1974, por seu filho Vovô e meia dúzia de amigos. "O Ilê Aiyê nasceu na sala da minha casa." No começo, ela se preocupou. Os tempos eram de ditadura e a discussão do racismo, tabu. No carnaval seguinte, o bloco desceu a ladeira do Curuzu para ganhar as ruas e os becos de Salvador. Também granjeou a simpatia dos baianos e, mais tarde, da maioria dos brasileiros.

Um bloco só de negros tocando, cantando e dançando as tradições dos ancestrais africanos. O primeiro bloco a ostentar o orgulho vibrante da negritude. Nos anos seguintes, sob os conselhos pertinentes de Mãe Hilda, o Ilê Aiyê se tornaria um polo cultural. Capaz de aglutinar, na própria comunidade, artistas plásticos, cenógrafos, músicos, figurinistas, desenhistas.

Mas a costureira de sonhos e de realidades queria mais. Em 1988, ela abriu, sob o guarda-chuva de seu terreiro, uma escola para crianças carentes da comunidade. No começo, a Escola Mãe Hilda abraçou o desafio de educar crianças com problemas de aprendizagem ou com históricos de repetência e indisciplina. Foi um sucesso. As crianças se sentiram amadas e deslancharam. "Teve um momento que faltou cadeiras para tanto aluno, fui pedir apoio ao então secretário da educação."

Do governo, ela recebeu ajuda material; do país, o reconhecimento pelo investimento na educação. "Todo mundo tem que estudar, todos podem e devem melhorar." Hoje, a Escola Mãe Hilda é referência e já "exporta" seu afeto de ensino para outras salas de aula em Salvador. Por boa parte de cidade, são lidos os *Cadernos de Educação*, peças de um projeto de expansão pedagógica, fazendo circular uma metodologia que mescla português e matemática com histórias da África e da luta dos negros no Brasil.

A Escola e o Ilê Aiyê também inspiraram a formação do Centro de Arte e Educação Band'Erê, onde crianças, adolescentes e jovens aprendem percussão, dança e canto. E, no pacote, ficam sabendo dos orixás, dos caboclos e da resistência negra nascida na escravidão e amadurecida nos dias atuais.

Mãe Hilda Jitolu fala baixinho e manso, mas age com altivez e decisão. Faz política com boa fé. Por exemplo, não titubeou em aceitar o convite de levar axés para Zumbi dos Palmares – herói dos afro-brasileiros. Em 1980, montada em lombo de burro, ela subiu a serra da Barriga na Paraíba. Deixou claro que as memórias de Zumbi e todos os quilombolas merecem reverência e estudo.

Passados seus 80 anos, a mãe preta, a mãe de santo, a mãe de filhos paridos e de filhos acolhidos, segue distribuindo lições com as forças do seu cérebro e de seus orixás. Filha de Obaluaiyê e de Oxum, poderia ser a musa inspiradora dos versos de Paulinho Canafeu: "Branco/se você soubesse/o valor que o preto tem/tu tomava banho de piche/e ficava preto também".

Todo terreiro de candomblé é uma escola

Aristides Alves/N Imagens

Mãe Stella de Oxóssi

por *Fernanda Pompeu*

Bem que tentaram, por séculos a fio, aniquilar a religiosidade africana. Durante a escravidão, o catolicismo dos brancos foi um "morde e assopra": depois de suplícios e chibatadas, eram distribuídos terços e sermões. Mesmo após a Abolição, e na maior parte do século xx, o candomblé foi continuamente perseguido. Desqualificado, era chamado de seita ou de idolatria. Discriminado, era caso de polícia. Para soar os atabaques só com permissão de delegado.

Mas esse esforço de etnocídio em nada resultou. Os terreiros de candomblé entram no terceiro milênio vivíssimos. Sendo que alguns deles são verdadeiras "escolas de cidadania", onde se praticam a iniciação ao mundo dos orixás e a educação para a vida. Tal exemplo de resistência e de transformação se deve principalmente às ialorixás – mães de santo –, responsáveis pela governança das casas de culto e pela orientação espiritual de filhos e filhas de santo.

Entre elas, com merecida reverência, está Mãe Stella de Oxóssi. Nascida em Salvador, Bahia. Aliás, três foram os seus nascimentos. O primeiro, em 1925, dentro de uma família de classe média, com o nome de Maria Stella de Azevedo Santos. O segundo, aos 13 anos, quando foi iniciada no candomblé pela lendária Mãe Senhora. O terceiro ocorreu, em 1976, quando os búzios decidiram que ela se tornaria ialorixá. "Fui escolhida pelos orixás, vivo em função deles. Sou uma religiosa."

O orixá de Mãe Stella é Oxóssi, o caçador. O terreiro, onde para entrar é preciso pedir licença a ela, é o Ilê Axé Opô Afonjá. Ele é um dos maiores e mais prestigiados do Brasil. Fundado em 1910 por Mãe Aninha, foi recentemente tombado pelo Ministério da Cultura, graças aos esforços de Mãe Stella. Ou seja, trata-se de patrimônio cultural-religioso dos brasileiros.

Justiça seja feita, não é patrimônio exclusivo dos brasileiros. Pessoas de várias nacionalidades pedem licença à Mãe Stella para se iniciarem no candomblé. Ela sabe que na opinião e no sentimento dos orixás não existem desigualdades de raça, etnia, classe social, gênero. Segundo eles, todo mundo é igual para baixo e para cima do umbigo. Ela também sabe que no dia a dia da sociedade brasileira as igualdades são uma piada.

Mesmo em Salvador, cidade com 80% de população negra, a hegemonia econômica e política é dos brancos. Basta um passeio pela cidade para perceber que algo está errado. As músicas, os batuques, os corpos, a culinária, o *swing* são negros. Os lucros dos negócios, as caixas-registradoras das lojas, os melhores endereços, as escolas mais eficientes, os bons empregos são, na sua maioria, da minoria branca.

Mãe Stella entende que está mais do que na hora de os negros cobrarem pelo seu valor, começando por exigir educação de qualidade e demais capitais de cidadania. Também sabe que é a hora exata de a população negra abandonar os folclorismos e os estereótipos da "baianidade" em troca da real apropriação da cultura afro-brasileira-baiana.

Ela, além de líder espiritual, é líder política da comunidade. Não titubeou em abrir as portas do Terreiro para abrigar seminários preparatórios da Conferência Mundial contra o Racismo da ONU (Durban, 2001). Também não se furta a participar de congressos, seminários, reuniões internacionais quando o assunto é cultura e religiosidade afros.

Ela afirma que "o candomblé sempre foi um movimento em prol do cidadão negro". Candomblé e negritude se alimentam um ao outro e dão, entre os frutos, boa autoestima e horizontes. No Ilê Axé Opô Afonjá, funciona uma escola de ensino fundamental para crianças da comunidade, onde o iorubá é idioma obrigatório. Funciona um museu, onde a história dos orixás é contada em toda sua complexidade. Também há oficinas de artesanatos para geração de renda, negócio tocado pelas famílias pobres que moram no terreiro.

A mais fiel imagem para descrever essa ialorixá é a do bambu – firme e flexível ao mesmo tempo. "Sou flexível, porque tenho que ser firme na defesa de nossas tradições." Ela pediu emprestados o arco e a flecha de Oxóssi e foi desbravando as veredas. Aos 80 anos de idade, estampa a síntese entre renúncia e determinação. Para assumir as responsabilidades de líder religiosa deixou a enfermagem e desfez um casamento. "Nos desafios da vida, a pessoa entra inteira ou não entra."

Mãe Stella de Oxóssi é mantenedora do "candomblé de pura cepa". Sem mistura. Sem concessões. Ela compreende que o sincretismo foi necessário para enfrentar a perseguição do catolicismo aos cultos africanos. Foi uma maneira de camuflar os orixás sob os mantos dos santos. Mas isso é passado.

A autora do livro *Meu Tempo é Agora* (1993), e doutora *honoris causa* da Universidade Federal da Bahia, gosta de dizer em alto e bom som: "Iansã não é Santa Bárbara; Oxum não é Nossa Senhora da Conceição". Para ela, manter vivas a tradição e a especificidade de cada religião é o autêntico ecumenismo. O resto, incluindo a famosa fitinha do Senhor do Bonfim, é vitrine para inglês ver.

Todo mundo tem o seu orixá, até o Papa

Nair Benedicto/N Imagens

Maninha Xukuru

por *Patrícia Negrão*

"Nasci em uma família de guerreiros. Nossa luta está no sangue." Do avô, o cacique Alfredo Celestino, ela herdou a coragem. Do pai e dos tios, a firmeza que a manteve à frente das várias retomadas de terra. Maninha Xukuru enfrenta, há vinte anos, latifundiários, políticos e posseiros para recuperar o território dos xukuru-kariris, no município de Palmeira dos Índios, interior de Alagoas. "Passaram por cima de meu povo como um rolo compressor, tiraram tudo que tínhamos: nossa terra, nossa língua, nossas crenças."

Hoje, os xukuru-kariris somam mil e trezentas pessoas e estão divididos em seis aldeias dispersas em mil hectares. Ainda é muito pouco perto do que almejam, mas uma grande conquista se levado em conta que, até 1952, viviam completamente espalhados nas periferias da cidade e praticamente sem terra própria. Pela primeira demarcação, de acordo com Maninha, eles têm direito a 36 mil hectares. Lutam, contudo, pela devolução de 15 mil hectares.

Expulsos da terra, perseguidos e proibidos até de falar a própria língua, os xukuru-kariris reuniam-se clandestinamente para praticar rituais religiosos. Nesses encontros, com apoio de um padre católico, começaram também a discutir seus direitos. Surgiram lideranças – entre as quais o

Brasileiras

avô de Maninha – que viajavam dias a pé para cobrar de autoridades a devolução do território de seus antepassados. Sem resultados, no início dos anos 1950, a família de Maninha liderou a primeira retomada de terra, na Fazenda do Canto.

Em 1966, na aldeia reconquistada, nasceu Maninha. Ainda menina, decidiu estudar para ser médica e cuidar da saúde de seu povo. A pé, sob o sol abrasador do verão ou as longas chuvas do inverno, ela enfrentava os 7 km de estrada de terra até a escola da cidade. Em 1978, então com 12 anos, presenciou uma vitória de seu povo, que reconquistou mais um pedaço de terra, a aldeia Mata da Cafufa, para onde sua família acabou se mudando.

Quando completou o ensino médio, Maninha foi viver em Recife. Conseguiu uma bolsa da Fundação Nacional do Índio (Funai) para fazer um curso preparatório de ingresso na faculdade. "Cinco meses depois, a diretoria do curso me convidou a sair. A Funai só havia pago os dois primeiros meses." Arrumou emprego de balconista, mas o salário era pouco. "Vi meu sonhos irem água abaixo." Obrigada a deixar os estudos, não me adaptava à vida na cidade. "Eu nunca havia morado fora da aldeia, não conseguia mais ser uma xukuru-kariri nem tampouco uma pessoa urbana." Até que, em 1989, ouviu sobre um ato público que lideranças indígenas de várias etnias estavam organizando para impedir o cancelamento de atendimento a índios em um hospital público de Recife. Uniu-se a eles. "Durante a reivindicação, eu me dei conta de quem eu era. Decidi vencer na vida, mas vencer na terra." Voltou para sua aldeia.

O retorno foi duro. Encontrou seu povo dividido, disputando ínfimos pedaços de terra uns com os outros. Tradicionalmente agricultores, os xukuru-kariris vivem do plantio do milho, da macaxeira, da banana, de hortaliças. Os filhos se casam, as famílias aumentam e não há roça para tantas bocas.

Maninha fez o papel de apaziguadora. Ouvia a todos, marcava reuniões, explicava a importância de se unirem. "Os conflitos internos surgem porque, obrigados a viver amontoados, como favelados, sem espaço para plantar, os índios acabam ociosos e brigam entre si." Em 1994, ela coor-

Maninha Xukuru

denou mais uma retomada de terra. "Houve tiros, um cacique foi morto, outro índio desapareceu", recorda. "Os fazendeiros colocaram carros de som nas ruas da cidade dizendo que iríamos invadir as casas das pessoas."

Mesmo com a maioria da população da região contra eles, os xukuru-kariris somam alguns avanços. Foram montados postos de saúde – que ainda funcionam precariamente – nas aldeias e construídas escolas, uma delas voltada para a educação indígena. Mas a conquista de maior significado se faz sentir no dia a dia. Hoje, eles não têm mais vergonha de sua origem e sabem quais são seus direitos. Todos os domingos, reúnem-se para discutir os problemas comuns, como falta de água, de médicos e de transporte público nas comunidades.

No início dos anos 1990, Maninha passou a participar também de reuniões, assembleias e fóruns sobre questões indígenas em vários estados do país. Em 1994, ajudou a fundar a Articulação dos Povos Indígenas do Nordeste (APOINME), Minas Gerais e Espírito Santo, de cuja coordenação faz parte até hoje. "Somente unidos os índios terão força para enfrentar a forte pressão contra a demarcação da terra e para reivindicar políticas públicas que atendam a suas necessidades básicas, como saúde, educação e recuperação do meio ambiente." As diversas ameças de morte recebidas não a fazem desistir. Maninha Xukuru é hoje voz ativa e liderança respeitada em todo o país.

Hoje sabemos o lugar que desejamos ocupar na história do país

Paula Simas/N Imagens

Mara Régia Di Perna

por *Fernanda Pompeu*

A avó Maria era ouvinte cativa da radionovela *Jerônimo, Herói do Sertão*. Comprava o silêncio dos netos com biscoitos Marilú. Se ficassem quietos, ao final da audiência, teriam direito ao petisco. O que dona Maria não calculava é que, ao negociar o silêncio, semeava uma futura vocação. "Eu olhava o rádio enorme e imaginava como seriam o Jerônimo, o heroísmo e o tal sertão." Quase cinquenta anos depois, Mara Régia Di Perna desconfia que seu amor pelo rádio brotou mesmo na sala da avó.

A história dessa comunicadora popular, nascida em 1951, no Rio de Janeiro, não tem nada a ver com fábulas de crianças prodígios. Entre o rádio da avó e seu encontro com a vocação, passaram-se muitos esquetes. Na entressafra, ela foi professora em favelas cariocas, casou-se, embarcou para a Inglaterra, voltou ao Brasil, mudou-se para Brasília, teve dois filhos – a Mirela e o Felipe.

Até que um dia, o acaso soprou. Sua voz ficou alada e alçou voo pelo céu radiofônico. Ocorreu que dois locutores esportivos brigaram no ar e foram demitidos por justa causa. Mara Régia, que então trabalhava nos bastidores, foi convidada para "tapar o buraco". "Topo. Mas tem que ser um programa de mulher." O diretor de programação assustou: "Como de

Brasileiras

mulher? Horóscopo, culinária?" Mara intuiu que descobriria a resposta quando estivesse no ar. Assim nasceu o, hoje histórico, *Viva Maria.*

Era o início dos anos 1980. O programa se transformou em uma tribuna radiofônica em prol dos direitos e das vidas das mulheres. No ar, ela falava e ouvia de tudo: gravidez, aborto, sexo, casamento, filhos, saúde, violência doméstica, dupla jornada de trabalho, políticas públicas, paixões. Potencializando a interatividade do veículo, Mara Régia mobilizou suas ouvintes quando da criação da primeira delegacia de defesa da mulher, no Distrito Federal. Durante a "Constituinte cidadã", empunhando o microfone, mobilizou milhares de ouvintes para fortalecer o "*lobby* do batom" – que pressionava deputados a apoiarem reivindicações das mulheres.

"Eu abri o microfone. Ia para a rodoviária, para a Praça dos Três Poderes e punha as vozes femininas no ar." Foi assim que as entrevistadas, principalmente populares vindas das cidades-satélite, falaram de suas vidas privadas e das questões nacionais. Ela também abria o microfone para as feministas. *Viva Maria* ajudou a politizar o universo feminino. Hoje, depois de sofrer muitas dificuldades financeiras, ele é veiculado pelo sistema Radiobrás.

Não obstante o sucesso do *Viva Maria,* faltava o sertão. Aquele lugar sonhado por Mara Régia enquanto ouvia o rádio valvulado da avó. Talvez, ela não imaginasse que seu sertão se chamava Amazônia. Mas assim foi. Em 1993, ela começou a pilotar o programa, no ar até hoje, *Natureza Viva.*

O programa é ouvido nos nove estados da Amazônia Legal: Acre, Amapá, Amazonas, Maranhão, Mato Grosso, Pará, Rondônia, Roraima e Tocantins. Seu público preferencial são as mulheres da floresta, entre rurais e ribeirinhas. Seringueiras, pescadoras, quebradeiras de coco, castanheiras. "Minhas ouvintes têm renda média anual de quinhentos reais, mas uma sabedoria milionária."

Sabedoria demonstrada no trato com as plantas medicinais, no diálogo com as árvores, na maestria das parteiras, na assombrosa capacidade de sobreviver em meio à ausência do Estado. Sabedorias que Mara Régia coloca no rádio para que circulem entre as comunidades. "Na Amazônia, o rádio é veículo de utilidade pública. Na maioria das vezes, só existe ele para informar."

O rádio de Mara Régia tem ouvido duplo. Ioiô, leva e traz informações. Bumerangue, distribui recados: "Prima, aqui é a Gilvete, venha para o casamento da Dita". Mara Régia também transporta informações do coração da selva para a Esplanada dos Ministérios, no DF, seja a necessidade de modificar o calendário de uma vacinação ou denúncias de poluição e de desmatamento.

Educadora, coordena oficinas para as mulheres da floresta, com objetivo de tornar o rádio um veículo de direitos. Ela criou a *rede das maritacas* – líderes da região habilitadas a pilotar rádios comunitárias.

Talvez por ter circulado tanto pela Amazônia, entre gentes, bichos, árvores, palafitas, rios e igarapés, ela tenha alargado seus conceitos. Seu rádio, além de falante, é pensante. Uma vez, escutou de uma ouvinte: "Continue Mara Régia, que é pela sua voz que a gente anda".

Para ela, os carinhos das ouvintes "valem a vida". No estúdio, em Brasília, recebe um mundaréu de cartas. Muitas vezes, as folhas vêm desenhadas, ilustradas e até bordadas. Chega de tudo: agradecimentos, demandas, denúncias de violência doméstica, pedidos de socorro, lições de vida e declarações de amor.

A verdade é que temos muito a agradecer ao Guglielmo Marconi por ter inventado o rádio transmissor e ao *Jerônimo, Herói do Sertão* por possibilitar que a avó Maria, mesmo sem saber, semeasse uma vocação. Agradecer, principalmente, às ouvintes da floresta e das cidades por manterem Mara Régia Di Perna sempre no ar.

Eu e o rádio somos uma coisa só

Bob Wolfenson

Margarida Genevois

por *Patrícia Negrão*

Choque elétrico, pau de arara, afogamento. Torturas bárbaras sofridas nas prisões do regime militar. Depoimentos ouvidos por Margarida Genevois na década de 1970, quando um setor da Igreja Católica abriu as portas aos perseguidos e ela foi trabalhar na Comissão Justiça e Paz da Diocese de São Paulo. Uma de suas atividades: receber pessoas que chegavam desesperadas de todo o Brasil. Mães, pais, esposas, maridos à procura dos entes desaparecidos. Vítimas da repressão em busca de esconderijo e meios para deixar o país. "Muitos sentiam pudor em relatar o que tinham passado, tão horríveis e bestiais haviam sido suas experiências."

Um mundo até então desconhecido para Margarida. Ao aceitar o convite de dom Paulo Evaristo Arns para fazer parte da Comissão Justiça e Paz, ela iniciou um trabalho que a tornaria, anos mais tarde, uma das maiores defensoras dos direitos humanos do país. Era a única mulher entre advogados e professores da Universidade de São Paulo (USP) atuando na Comissão. Os militantes da Justiça e Paz ajudavam na busca dos desaparecidos, tentavam obter proteção judicial aos presos políticos, escondiam e encaminhavam para fora do país pessoas perseguidas. Corriam risco de vida, mas não silenciavam. Denunciavam as arbitrariedades

Brasileiras

aos organismos internacionais. "Formamos um grupo unido, todos crescendo e aprendendo juntos", recorda Margarida.

Vítimas das ditaduras da Argentina, Chile e Uruguai também chegavam à Comissão. No início, eram recebidos clandestinamente e escondidos em paróquias, conventos, igrejas. Porém, a procura por auxílio aumentou muito e a Cúria não conseguiu mais atender, sozinha, aos mais de mil refugiados que bateram à sua porta. Obtiveram, então, apoio do Alto Comissariado das Nações Unidas para Refugiados (ACNUR) e puderam continuar a socorrer os vizinhos perseguidos.

Direitos humanos passaram a ser, para Margarida, tão fundamentais como o ar que se respira. Sufoca viver onde não estejam presentes. Restaurada a democracia no Brasil, Margarida continuou a pressionar autoridades e a delatar as injustiças contra milhares de cidadãos até hoje "asfixiados": desempregados, camponeses sem terra, adolescentes infratores, presos em condições subumanas. "O discurso de direitos humanos é aceito na teoria, mas quando esses direitos são exigidos na prática, muitos se sentem incomodados, com medo de perder ou diminuir privilégios."

Durante 25 anos Margarida atuou na Comissão Justiça e Paz de São Paulo, tendo assumido a presidência por três vezes. Nesse período, em casos de descumprimento dos direitos humanos ela estava presente, apoiando os perseguidos e denunciando as injustiças. Foi assim em Serra Pelada, ao lado dos garimpeiros, e no Bico do Papagaio, com os agricultores dessa região ao norte do país onde foram assassinadas várias lideranças, entre elas Padre Josimo, coordenador da Comissão Pastoral da Terra naquela localidade.

Margarida esteve à frente de importantes campanhas como o movimento a favor da anistia, contra a lei de Segurança Nacional, contra a pena de morte, contra o Esquadrão da Morte. Testemunhou o desenterro de ossadas de desaparecidos, mortos pela repressão militar, e lutou para que as famílias recebessem informações a respeito dos falecidos.

Presenciou muitos tipos de injustiça, mas não perdeu a suavidade. Suave e firme, ela segue acreditando na transformação do ser humano. Isso desde muito cedo, quando fazia serviços voluntários nas favelas do Rio de Janeiro, cidade onde nasceu em 1923. Mais tarde, já formada em Ciências Sociais pela Escola de Sociologia e Política de São Paulo e casada com um empresário bem-sucedido, foi viver em Campinas, na Fazenda São Francisco, pertencente à empresa de produtos químicos Rhodia, na qual seu marido trabalhava. Lá, indignou-se com a pobreza dos trabalhadores e, sobretudo, com a falta de recursos básicos para as crianças. Reuniu as mulheres e com elas obteve a implantação de creches, posto de puericultura e clube de mães para os trabalhadores da região em que vivia. Fundou também o *Jornal Feminino*, voltado para as mulheres do local.

Intensa em tudo o que faz desde a juventude, viu os resultados positivos: a mortalidade infantil diminuiu no local e o posto de puericultura tornou-se um modelo em Campinas. Em 1967, já de volta à capital paulista, Margarida criou com Zita Bressane o Veritas – Centro de Formação Cultural e Promoção Social, que oferecia cursos para mulheres da classe média. Convidavam intelectuais para falar sobre assuntos da atualidade, incentivando com isso uma postura democrática e humanista e maior participação delas nos diversos movimentos sociais.

Premiada e homenageada inúmeras vezes, Margarida atualmente faz parte da Rede Brasileira de Educação em Direitos Humanos, um projeto nacional que ajudou a criar em 1994. Por meio de cursos elaborados a partir da pedagogia de Paulo Freire oferecidos a estudantes e profissionais de todo o país, a Rede reflete e incentiva o diálogo sobre direitos humanos. "Buscamos instigar o desenvolvimento do espírito crítico e a aceitação do 'diferente' no outro." Para essa entusiasta militante, não bastam leis, é preciso que cada cidadão conheça e exija seus direitos.

Direitos Humanos devem ser vividos em cada gesto, em cada atitude

Marie Hippenmeyer/N Imagens

Maria Amélia de Almeida Teles

por *Fernanda Pompeu*

Outubro de 1996. Na recepção do Superior Tribunal de Justiça (STJ), quarenta promotoras legais populares são barradas pelo guarda: "Aqui é proibido entrar mulher de calça comprida". Pelos menos 35 delas vestiam calças compridas. Vinham exaustas da viagem de ônibus São Paulo-Brasília. A visita ao STJ havia sido devidamente agendada.

As promotoras populares protestaram com veemência. Por que não poderiam entrar de calças compridas? Isso era discriminação contra todas as mulheres. Não arredaram pé e armaram o maior fuzuê no coração do Distrito Federal. No final, não só entraram no prédio como foram o pivô de uma portaria, assinada pelo então presidente do Superior Tribunal, retirando a proibição.

Maria Amélia de Almeida Teles, conhecida de norte a sul como Amelinha, ficou radiante com a atuação contundente do grupo. Sentiu a grata sensação de que as discípulas estavam superando a mestra. Afinal, essas mulheres oriundas de comunidades pobres, muitas com poucas letras, conseguiram derrubar um baita preconceito.

Amelinha é coordenadora, há doze anos, do Curso de Promotoras Legais Populares no estado de São Paulo. Projeto que habilita líderes comunitárias para acessar a Justiça. Em uma formação multidisciplinar,

Brasileiras

com duração de um ano, elas estudam a Constituição Brasileira e os principais documentos nacionais e internacionais referentes aos Direitos Humanos em geral e aos Direitos das Mulheres em particular. O curso também tem caráter multiplicador: "Depois de formadas, muitas partem para a criação de associações de mulheres em suas cidades ou bairros".

Lutar, organizar, multiplicar são verbos caros na gramática de Amelinha. Na infância, ela aprendeu com o pai sindicalista que "direitos não são dádivas, direitos a gente arranca". Quando o pai se reunia com os colegas dentro de casa, ela tinha como tarefa vigiar a aproximação da polícia. "A luta é algo que corre no meu sangue."

Sangue que ela derramou nas dependências da sinistra Operação Bandeirantes (OBAN) – departamento de sequestro e tortura da ditadura militar, em São Paulo. Amelinha foi presa, em 1972, junto com seu companheiro César. Os dois foram muito torturados. As torturas físicas tão infames quanto as psicológicas. "Eles ameaçavam prender e seviciar meus filhos pequenos. Chegaram a dizer que minha filha estava morta dentro de um caixão."

Foi a segunda prisão de Amelinha. A primeira ocorrera em Belo Horizonte, Minas Gerais, logo depois do Golpe Militar de 1964. Solta, para não ser julgada e condenada, ela optou pela clandestinidade. Por oito anos, manteve um nome falso e uma vida verdadeira. Teve dois filhos. Dividia seu dia entre as tarefas para o Partido Comunista e o trabalho pela sobrevivência. "Descobri que a revolução demoraria muito, daí fui tocando minha história pessoal. Para mim foi sempre tudo junto."

Da OBAN, quando seus algozes cansaram de torturá-la, ela foi transferida para o Presídio do Hipódromo. Lá, dividiu os choros, a esperança e a cela com um coletivo de mulheres. No meio da violência do confinamento e da solidariedade entre as detentas, ela vislumbrou um novo farol para sua luta: as especificidades das questões femininas.

Em 1981, com o Brasil se redemocratizando, Amelinha com outras companheiras fundaram a União de Mulheres de São Paulo – espaço político dedicado ao combate à violência doméstica e à promoção de direitos humanos. A União de Mulheres, bem como a militância de Amelinha, tornaram-se inspirações para vários grupos feministas do país.

Amelinha nasceu em 1945, ano do Armistício mundial. Coincidência ou não, seu grande amor é pela paz. Por isso, ela está sempre se metendo nas ações contra o racismo, a homofobia e demais intolerâncias. "O mundo só será da paz se incluir as diversidades."

Ela acredita que a justiça pode ser feita até mesmo em relação aos mortos. Essa convicção a levou, em 1990, a participar ativamente da Comissão de Investigação das Ossadas de Perus – procura de restos mortais de vítimas da ditadura enterradas em vala clandestina do Cemitério Dom Bosco, localizado em Perus, na periferia de São Paulo.

Ela também integra a Comissão de Familiares de Mortos e Desaparecidos Políticos, cuja luta é pelo direito de enterrar o que restou de suas pessoas queridas. Mas não apenas isso, a Comissão empenha-se pela abertura dos arquivos políticos da ditadura e pelo direito inalienável de que a história de cada morte seja recontada com toda a verdade.

Hoje, Maria Amélia de Almeida Teles, a mulher de tantos caminhos, abre uma nova trilha. Advogada recém-formada, tem como objetivo difundir, na Justiça brasileira, os direitos conquistados pelas mulheres. Potencial ela tem de sobra. Sua folha corrida de lutas alcança vários metros. Tanta função não impede que, pelas tarde de sábado no salão da União de Mulheres, ela e seu companheiro César dancem samba, salsa, merengue e, de noitinha, tango argentino.

Democracia só existe se conjugada no plural

Dudu Cavalcanti/N Imagens

Maria Berenice Dias

por *Fernanda Pompeu*

A desembargadora Maria Berenice Dias, nascida em 1947, é uma desafiadora de desafios. O primeiro deles, ela venceu na juventude. Filha e neta de advogados, cresceu ouvindo o adágio: "Mulher só precisa trabalhar para pagar seus alfinetes". Para ela, estava endereçada a Escola Normal. O destino era ensinar crianças e, sendo no Brasil, o de receber uma remuneração pífia – que quase só daria mesmo para comprar alfinetes. Ela até tentou seguir o figurino. Concluiu o Normal e deu aulas por algum tempo: "De repente, percebi que aquele trabalho não era meu sonho". Berenice decidiu acordar para o que sempre havia sonhado: ser advogada.

O segundo desafio foi, em 1973, quando prestou concurso para a magistratura. Um acinte! Até aquele momento, ao menos entre os gaúchos, não existiam mulheres juízas. Ponderar, dar a palavra final, julgar era privilégios dos homens. "Por parte dos juízes havia uma enorme resistência." Berenice Dias insistiu, lutou e se tornou juíza. Vinte três anos depois, em 1996, ela seria novamente pioneira ao se tornar a primeira desembargadora do Tribunal de Justiça do estado do Rio Grande do Sul.

Tantas vitórias caracterizam uma profissional bem-sucedida. Mas o alcance do trabalho de Berenice vai muito além ao beneficiar o país inteiro. Ela

Brasileiras

é conhecida como a desembargadora das "causas polêmicas" e, também, como a defensora dos segmentos discriminados. Entenda-se mulheres, homossexuais, negros, crianças, idosos, pobres.

Berenice Dias atua em uma área sensível, a do Direito de Família – justiça que regula os conflitos familiares: divórcio, pensão, herança, guarda de filhos. "São os cacos das relações amorosas que chegam até nós." No pacote vêm desavenças, mágoas, culpas e cobranças. Obrigam também a decisões difíceis: "Já perdi o sono pensando se a criança ficará com a mãe ou com o pai". Casos de crianças abusadas são os mais perturbadores: "Trata-se de um drama bem mais frequente do que dimensionamos".

Trabalhando na área mais humana da Justiça, a desembargadora teve a confirmação do caldo cultural que dá sustentação à discriminação de gênero. Ela testemunhou colegas desqualificando mulheres por não serem mães e esposas exemplares. "Mesmo depois de separada do marido, se a mulher arranja um namorado é considerada uma mãe relapsa." Berenice acredita que, por trás de todos esses preconceitos, está a visão arraigada de que a mulher é propriedade do homem.

As ações em prol dos direitos das mulheres extrapolam sua atuação dentro do Tribunal de Justiça. Berenice Dias é idealizadora de dois serviços voltados a mulheres e crianças em situação de violência doméstica. São eles: o Jus Mulher, trabalho voluntário de atendimento jurídico e psicológico, e o Lar – Lugar de Afeto e Respeito.

Mãe de três filhos, labutando duramente, ela ainda arranja tempo para subir em quantos aviões forem necessários. Em Brasília, participou de audiências públicas acerca da regulamentação do Aborto Previsto em Lei para os casos de estupro e risco de vida da gestante. Também é a autora de uma campanha nacional para que o estupro permaneça categorizado como crime hediondo, isto é, sem direito a atenuantes.

Não são apenas as mulheres e as crianças que atraem a atenção da desembargadora. Ela é defensora confessa das uniões homoafetivas. Inclusive escreveu a primeira obra jurídica, no Brasil, tratando do tema. Protagonizou uma vitória histórica ao conseguir que, no Rio Grande do Sul, questões envolvendo uniões de pessoas do mesmo sexo migrassem da vara civil para a de família. "Onde há um vínculo de afetividade, existe uma família." No seu julgamento, parceiros de sexos diferentes ou iguais têm os mesmos direitos de alimento, habitação, partilha, herança.

A desembargadora luta por uma "Justiça justa", aquela capaz de abrir os olhos para as diferenças da vida. "O país é desigual e as pessoas são diferentes." Ela defende mais sensibilidade e maior preparo dos profissionais do Direito quando se trata de julgar a vida das pessoas. Acredita ser necessário compreender o contexto social, político, econômico e o lugar que a cultura destina para cada um.

Há algo de profundamente contemporâneo no modo com que Maria Berenice Dias lida com seu cargo. Sem esquivar-se das grandes responsabilidades, ela traz para os leigos o debate de temas jurídicos. Questões que podem revolver a cultura a favor de uma vida mais feliz, liberta de preconceitos e de discriminações. Para falar com o grande público, ela se vale de entrevistas aos meios de comunicação, de artigos assinados em jornais e revistas, de seu sítio na internet: "Respondo a dezenas de mensagens por dia".

Seus ferrenhos inimigos são os fundamentalismos – religioso, econômico, mercadológico –, pois eles engessam a vida e silenciam qualquer possibilidade de diálogo. "Os fundamentalistas pregam que algumas pessoas têm mais direito do que outras." Vencer esses adversários é o grande desafio para essa mulher de qualidade.

Violência doméstica é o crime mais praticado no Brasil

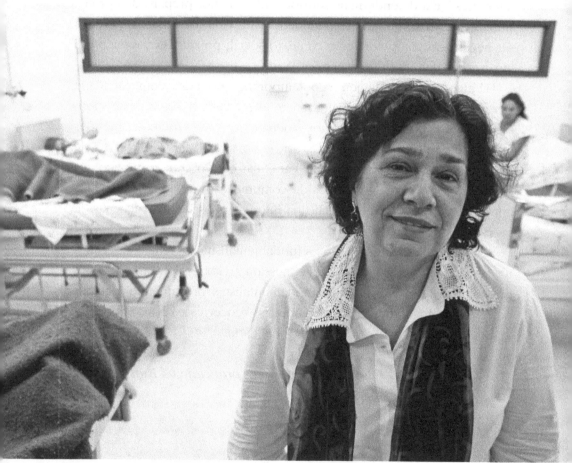
Paula Simas/N Imagens

Maria José de Oliveira Araújo

por *Patrícia Negrão*

A estudante de Medicina entra na enfermaria do hospital público para a aula prática de Ginecologia. Na sala lotada, depara com a paciente deitada sobre a mesa, preparada para ser examinada por mais de uma dezena de alunos. Não consegue tocá-la; sai revoltada. Cena gravada na memória. Cena que incitou o olhar da jovem e a transformou, anos mais tarde, em uma das principais feministas na defesa da saúde da mulher brasileira.

A nordestina de olhar certeiro e atitudes firmes é mulher de ação. Maria José de Oliveira Araújo foi pioneira na criação de casas de saúde que dão atendimento humanizado a mulheres carentes, desde a puberdade até a menopausa. É também graças a ela que hoje inúmeros hospitais da rede pública têm serviço de aborto legal. Mexeu em vespeiro bravo. Sua casa foi arrombada; sua vida, ameaçada.

A força vem da criação. Nascida em Teofilândia, interior da Bahia, em 1949, numa família numerosa e de poucos recursos, Maria José teve a sorte de ter um pai exigente, disciplinador. "Com ele, não havia moleza. Fazia a gente estudar duro." Seu Waldemar Oliveira de Araújo, motorista de caminhão com curso primário incompleto, formou os oito filhos – cinco mulheres e três homens – todos em universidades públicas.

Brasileiras

Ao terminar a faculdade de Medicina em Salvador, Maria José mudou-se para o Rio de Janeiro, onde fez residência em Pediatria. Aluna exemplar, três anos depois concluiu mais essa etapa do aprendizado e partiu para a França. Como bolsista do CNPq, especializou-se lá em saúde materno-infantil.

Chegou a Paris no final dos anos 1970, época em que o feminismo era assunto nas faculdades, nas casas, nas ruas. Maria José ouvia atenta. "Só então entendi minha revolta, anos atrás, ao ver a mulher sendo tocada por tantos alunos na enfermaria da faculdade. Nasci feminista, mas só me dei conta disso na França." Participava de reuniões, de debates, de manifestações a favor do direito ao aborto.

Retornou ao Brasil em 1980 e escolheu São Paulo para viver. Na capital paulista, uniu-se às mulheres anistiadas políticas que retornavam de diferentes partes do mundo. Mulheres que, como Maria José, traziam ideias novas para um país massacrado pelo regime ditatorial e pelo conservadorismo. Fundaram uma associação de mulheres.

Maria José era uma das únicas médicas feministas do país. "Virei curinga, trabalhava demais, passei anos e anos sem sábados e domingos livres." Nos finais de semana, ela saía cedo com um projetor de *slides*, trazido da França, debaixo dos braços. De ônibus, ia para bairros distantes, onde falava para solteiras, casadas e viúvas sobre cuidados com o corpo, com o sexo, com a vida. "O projetor era pesadíssimo. Chegava em casa sempre depois da meia-noite, quebrada. Mas eu gostava do que fazia."

Com algumas parceiras, Maria José fundou a Casa da Mulher do Grajaú, um dos primeiros serviços de saúde da mulher. Num bairro pobre e violento, a entidade funcionava em um cômodo construído pelos moradores da comunidade. "A gente pulava esgoto aberto para entrar na Casa", recorda. Muitas meninas chegavam violentadas, estupradas. Maria José viu tanto sofrimento que decidiu trabalhar exclusivamente pela saúde das mulheres pobres.

E foi o que fez. Em 1983, passou quatro meses em Cabo Verde dando curso de formação para profissionais africanas. De lá, embarcou para a Suíça a fim de especializar-se em Ginecologia natural e preventiva em um ambulatório feminista de Genebra.

140

Um ano depois, retornou ao Brasil e implantou aqui o modelo suíço. Reuniu antigas companheiras mais algumas novas. "Nosso *slogan* era: O Prazer Revolucionário." Fundaram o Coletivo Feminista Sexualidade e Saúde, referência nacional no atendimento humanizado à mulher. Funcionando até hoje, o Coletivo atende, em seu ambulatório, até duzentas pessoas por mês, além de divulgar novas tecnologias, promover cursos, produzir artigos, manuais e livros e capacitar profissionais. Por lá, já passaram inúmeras funcionárias da rede pública e profissionais do Canadá, Europa e Estados Unidos.

Nos anos de 1989 e 2001, quando São Paulo conseguiu eleger prefeitas progressistas, Maria José foi convidada para coordenar o Programa de Saúde da Mulher da cidade. No governo de Luiza Erundina, ela criou, pela primeira vez no país, um serviço de aborto em hospitais públicos para os casos previstos em Lei (risco de vida e estupro) e de contracepção de emergência (pílula do dia seguinte). Formou também o Comitê de Estudo e Prevenção da Mortalidade Materna com participação da sociedade civil.

Foi novamente perseguida. Tentaram incendiar o Coletivo – só não conseguiram porque uma vizinha chamou os bombeiros antes que o fogo se alastrasse. Recebia recados na secretária eletrônica com ameaças de que seria estuprada. "Minha revolta sempre foi maior do que meu medo." Em 1995, Maria José participou da fundação da Rede Nacional Feminista de Saúde e Direitos Sexuais e Reprodutivos, do qual foi coordenadora nacional até 2001.

Naquele ano, retornou à Prefeitura paulista, onde criou serviços de atenção às mulheres e adolescentes vítimas de violência sexual e expandiu os serviços de aborto legal. Hoje são 44, em vários estados do país. Desde 2003, Maria José coordena o Programa Nacional de Atenção Integral à Saúde da Mulher, no Ministério da Saúde. Na linha de frente da política nacional, ela continua valentemente a luta iniciada na juventude.

O descaso com a saúde das mulheres pobres sempre me revoltou
e me deu força para trabalhar

Bob Wolfenson

Maria José Rosado Nunes

por *Patrícia Negrão*

Na rua da Palha viviam as prostitutas de Barra do Mendes. De sua casa até a escola, a jovem freira recém-chegada para dar aulas na cidade do sertão baiano tinha duas opções: atravessar o local ou desviar pela praça da Igreja. As recomendações eram óbvias: fazer o trajeto mais longo. Irmã Zeca tomou o caminho mais curto. Cumprimentava as profissionais do sexo. Celebrou com elas a novena do Natal de 1976.

Maria José Rosado Nunes escolheu o caminho que fundamentou sua vida: dizer "não" a qualquer tipo de discriminação contra a mulher. No início da década de 1980, época em que a teologia feminista começava a ser discutida aqui, ela foi uma das primeiras freiras brasileiras a criticar publicamente as atitudes machistas da Igreja Católica, inclusive de seu setor progressista.

Suas palavras envolvem. São refletidas, pausadas, têm força arrebatadora. Em seminários e palestras, irmã Zeca contestava padres de esquerda "que lutavam por justiça social e pelo direito de cidadania, mas nada faziam contra o papel coadjuvante relegado às religiosas". "Até hoje não encontrei um teólogo da libertação que fale em público sobre a violência doméstica ou que defenda os direitos sexuais e reprodutivos das mulheres."

Brasileiras

Em 1994, já desligada da vida religiosa, Maria José fundou no Brasil a filial da organização não governamental Católicas pelo Direito de Decidir (CDD). Criada nos Estados Unidos, a entidade defende o direito da mulher católica de tomar decisões sobre sua sexualidade e opção reprodutiva. "Somos a outra voz da Igreja. A voz que acredita na possibilidade de a mulher viver dentro da fé católica sem hipocrisia, com dignidade, autonomia e prazer."

Por meio de rádio, TV e jornais, Maria José e sua equipe se contrapõem aos dogmas conservadores da Igreja defendendo temas polêmicos como a legalização do aborto. Recentemente, elas denunciaram padres que violentaram mulheres em vários locais do país. "Nosso objetivo é mostrar esses casos para que mais vítimas tenham coragem de desmascarar essa situação perversa dentro da Igreja."

As Católicas pelo Direito de Decidir promovem também oficinas e cursos para lideranças religiosas e de organizações não governamentais de todo o país sobre saúde e sexualidade. Fazem ainda um importante trabalho de conscientização com profissionais dos hospitais públicos que oferecem serviço de aborto legal (em casos de risco de vida e estupro). "Por serem católicos, muitos médicos, médicas e enfermeiras se recusavam a dar o atendimento. Alguns até maltratavam pacientes que chegavam com sequelas de aborto."

Maria José sabe escutar e, sobretudo, argumentar. Ainda jovem, quando vivia num convento em Itajubá, interior de Minas Gerais, ouviu da madre superiora: "Zeca, você precisa de controle, é muito forte, quando argumenta não sabemos o que dizer". Controle que essa mineira, nascida em Caxambu em 1945, jamais aceitou. Sentia-se incomodada com a falta de autonomia de suas companheiras de aprendizagem religiosa. "Nunca consegui deparar com uma situação e não me envolver. O pouco que eu posso, eu faço."

Depois de formar-se em Letras, optou pela vida religiosa voltada para trabalhos sociais. A primeira experiência foi em Barra do Mendes. Lá, conheceu um casal de austríacos leigos com os quais mudou-se, dois anos depois, para Quinari (hoje Senador Guiomar), no interior do Acre.

144

Ligados à Pastoral da Terra, eles entravam na floresta em caminhões, barcos e jipes para reunir seringueiros. "Buscávamos despertar lideranças que lutassem pela terra."

Maria José indignava-se com a miséria e abandono dos acreanos. Já a austríaca se assustava principalmente com o machismo e a violência contra as mulheres. Muitas eram espancadas. Outras, abandonadas, criavam os filhos sozinhas. "Minha amiga europeia me sensibilizou ainda mais para a diferença do tratamento dado aos homens e às mulheres."

Depois de dois anos percorrendo seringais, Maria José quis retomar os estudos. "Eu necessitava de instrumentos teóricos para analisar tanta injustiça social." Foi fazer mestrado em Ciências Sociais, na Pontifícia Universidade Católica de São Paulo (PUC-SP). Escolheu como tema o trabalho das religiosas nas áreas da pobreza. Em 1986, publicou o livro *Vida Religiosa nos Meios Populares.*

Durante os estudos, ao ser convidada por um grupo de feministas para participar de um congresso na universidade, Maria José surpreendeu a todos ao falar do silêncio dos teólogos progressistas em relação aos direitos da mulher. "Ninguém ousava criticá-los. Era o início da abertura política e a Igreja Católica tinha importante atuação na defesa dos Direitos Humanos. Mas, no que dizia respeito às mulheres, os limites eram enor-mes", recorda. Ela encerrou o discurso cobrando também das feministas que prestassem mais atenção a um grupo de mulheres marginalizadas, maltratadas e doutrinadas: as freiras.

Em 1985, foi viver na Europa, onde fez doutorado na Escola de Altos Estudos de Paris, na França. Ao retornar ao Brasil, cinco anos depois, estava casada com um ex-jesuíta. Continuou aqui a militância e a carreira acadêmica. É professora de Sociologia da Religião e de Gênero no curso de pós-graduação em Ciências da Religião da PUC-SP e voz ativa na defesa pelos direitos da mulher.

Mulher, na Igreja Católica, não tem valor

Paula Simas/N Imagens

Marina Silva

por *Fernanda Pompeu*

Ela passava dos 14 anos quando aprendeu a somar, subtrair, dividir e multiplicar. Trinta anos depois, em 2002, ela entrou em um dos prédios da Esplanada dos Ministérios, em Brasília. Tomou o elevador e dirigiu-se para sua sala. Sentou-se à mesa e começou seu primeiro dia de trabalho como ministra do Meio Ambiente.

Entre executar as quatro operações e resolver equações complexas – envolvendo incógnitas de biodiversidade, biossegurança, biotecnologia –, Marina Silva conviveu com muitos mundos. A começar pelo Seringal Bagaço, nas entranhas do Acre, onde nasceu em 1958, com um nome comprido. Maria Osmarina Marina Silva de Lima cresceu, segundo sua memória, "trabalhando, brincando, fazendo farinhada, nadando e pescando nos igarapés".

Na infância livre e pobre, aprendeu com os pais semiletrados valores de ouro. O maior deles: respeitar o rio, a floresta, os animais e as pessoas. Respeito que a faz, hoje, afirmar: "Tão importante quanto as respostas técnicas aos problemas ambientais são os compromissos étnicos com todas as formas de existência". Esse compromisso inegociável com a vida talvez seja a chave para compreender a trajetória ímpar e veloz dessa mulher magrinha, frágil e, ao mesmo tempo, caudalosa e altiva.

Brasileiras

Aos 16 anos, Marina Silva deixou o Seringal do Bagaço rumo à capital Rio Branco. Trabalhou como empregada doméstica. Fez supletivos de primeiro e segundo graus, ingressou no curso de História da Universidade Federal do Acre. Ao lado do crescimento educacional, aconteceu outro não menos fundamental: ela se aproximou do movimento social que congregava a gente da Amazônia. "Mulheres e homens capazes, com seus saberes tradicionais, de retirar o sustento material sem destruir a biodiversidade da floresta."

A futura ministra despontou para a liderança quando, ao lado de Chico Mendes, entregou-se à luta pela criação de reservas extrativistas na Amazônia – áreas protegidas que devem combinar desenvolvimento econômico e preservação ambiental. Em 1988, Chico Mendes foi assassinado por fazendeiros. Marina Silva seguiu ouvindo a razão e o coração dos povos da floresta. Líder de fato, tornou-se líder de direito em sucessivas vitórias nas urnas. Entre 1988 e 2002, sempre pelo Partido dos Trabalhadores (PT), foi vereadora, deputada estadual e, com 38 anos, a mais jovem senadora da República.

Agora, despachando no Ministério do Meio Ambiente, a gestora de primeiro escalão tenta concretizar os ideais de boa parte da humanidade. São projetos para conjugar crescimento econômico e tecnológico com a preservação da natureza e a conquista da cidadania. Conjunção batizada com o nome de desenvolvimento sustentável. Contra ele se erguem tubarões do lucro a qualquer preço, ratos da burocracia, leões da indústria madeireira. Mais as cobras e os lagartos de plantão.

Para o maior jardim do planeta, a Amazônia, ela procura apoiar projetos que valorizem os trabalhos e os saberes das mulheres, dando forças ao artesanato e ao uso das ervas medicinais. No seu entender, as mulheres são as "guardiãs da floresta". Na sua poesia, a Amazônia é feminina por excelência. "Ela é um espaço de vida, força, grandeza e de fragilidade também."

Marina Silva está a anos luz dos ambientalistas ingênuos que apregoam uma natureza intocável, onde o ser humano seria obrigado a viver como uma planta, condenado a um crescimento quase vegetativo. Nada disso. A ministra luta para o que o povo da floresta permaneça na floresta, tendo acesso aos bens sociais: saúde, educação, justiça, fontes de renda. "Somente assim, eles não abandonarão seu habitat indo engrossar os bolsões de miséria nos centros urbanos."

Para criar alternativas exequíveis de sustentabilidade é preciso ouvir as pessoas locais. Escutar os seringalistas, as quebradeiras de coco, os indígenas, as artesãs, os pescadores, as agricultoras, o povo ribeirinho e do interior. "Elas e eles são os verdadeiros cientistas da floresta." Marina Silva tem a convicção de que ao defendermos rios, animais, matas, plantas estamos defendendo a sobrevivência da espécie humana. Ela chama a atenção para a parábola de Deus que pôs a primeira mulher e o primeiro homem em um jardim. "Ele não os colocou em uma torre, muito menos em um palácio."

O jardim como metáfora do mundo diverso, interdependente, vivo. Claro que cuidar de um jardim dá enorme trabalho. Mas pôr a mão na massa é algo que não assusta a essa mãe de três meninas e um menino. Mulher que – apesar dos problemas de saúde, causados pela contaminação de metais pesados – mantém todos os sentidos à flor da pele e a inteligência alerta.

Maria Osmarina Marina Silva de Lima é movida a fé e alimentada a determinação. Ela advoga pelo presente com vistas ao futuro. Sabe que por trás da mesa de ministra estão "muitas mãos, muitos braços, infinitos sonhos de gente que sempre militou ao meu lado". Ela gosta de dizer: "Quanto mais estrelas no firmamento, mais iluminado o caminho". Por fim, o sentido de sua luta é para que sigam existindo o céu e a terra.

O verdadeiro PIB *de um país são seus valores humanos*

Marie Hippenmeyer/N Imagens

Mayana Zatz

por *Patrícia Negrão*

Um cientista deve ter sempre esperança. São palavras da bióloga brasileira que se tornou referência mundial em genética humana. Mayana Zatz, pioneira no estudo de doenças neuromusculares no Brasil, especializou-se em Distrofia Muscular Progressiva (DMP), uma enfermidade hereditária e irreversível que provoca degeneração muscular. "Por conviver com tantas crianças e jovens portadores de doenças graves, aprendi a ter coragem."

Com cerca de duzentas obras científicas publicadas em renomadas revistas internacionais e citada mais de duas mil vezes em publicações do mundo todo, Mayana é uma das poucas profissionais que conseguem aliar pesquisa de ponta, atendimento, trabalho social e engajamento político. Professora titular do Instituto de Biociências e coordenadora do Centro de Estudos do Genoma Humano, ambos da Universidade de São Paulo (USP), dá aulas, orienta mestrandos e doutorandos e preside a Associação Brasileira de Distrofia Muscular (ABDIM), uma entidade fundada por ela para atender crianças e jovens de baixa renda portadores da doença. "Sempre me senti impulsionada a fazer pesquisas que tenham aplicações práticas e possam melhorar a qualidade de vida das pessoas."

Essa cientista de olhar intenso e palavras certas não mede esforços para defender aquilo que acha correto. Tanto que hoje é bastante conhecida no

Congresso Nacional, onde participou de inúmeros atos públicos em defesa da liberação de células-tronco embrionárias para pesquisa e, no futuro, para tratamento. Acompanhada por crianças e jovens com doenças neuromusculares e seus familiares, nos últimos três anos ela explicou a políticos a importância do uso de células-tronco e enfrentou religiosos, sobretudo católicos, contrários à utilização de embriões.

"O pesquisador não pode ficar somente dentro do laboratório", defende. "Tem de informar a sociedade e sensibilizá-la para desmistificar conceitos errados." Para a bióloga, os momentos em Brasília foram intensos. Até hoje se emociona ao recordar o discurso de uma mãe no plenário: "Ela disse que a filha havia pedido para fazer um buraquinho no corpo e colocar pilhas, assim poderia andar como a boneca".

Nascida em Israel em 1947 e radicada no Brasil desde 1955, Mayana chegou a São Paulo com a família depois de viver alguns anos na França. Formou-se em Biologia pela USP e foi para os Estados Unidos, onde concluiu pós-doutorado em Genética Médica na Universidade da Califórnia (UCLA).

A "vontade de me tornar uma pessoa útil", como ela diz, surgiu quando ainda era universitária. Ao fazer uma pesquisa sobre doenças genéticas, conheceu uma mulher com sete de oito filhos portadores de deficiência física ou mental. "Eles não tinham recursos nem acesso à informação e a tratamento especializado." Mayana ficou ainda mais entristecida ao constatar, ao longo do trabalho, que aquelas crianças não eram exceção "Havia muitas outras com patologias graves, sem cadeira de rodas, sem possibilidade de ir à escola, completamente abandonadas."

Continuou sua formação, partiu em busca de mais conhecimentos no exterior, mas não abandonou a ideia de aplicar seu aprendizado em benefício de doentes de baixa renda. Em 1981, já de volta a São Paulo, fundou a ABDIM. Os recursos da Associação eram escassos, então ela atendia os pacientes em sua sala na USP, onde fazia diagnóstico, aconselhamento genético e orientação aos familiares dos portadores de DMP. A procura pelo serviço cresceu rapidamente. Muitos pais chegavam a ela depois de ouvir suas entrevistas em rádios. Com as informações transmitidas por Mayana, deduziam que o filho tinha a distrofia e iam em busca de ajuda.

A cientista partiu também atrás de financiadores. Teve sucesso. A ABDIM tem hoje sede própria na Cidade Universitária, possui equipamentos de última geração e oferece para crianças e adolescentes sessões de fisioterapia, hidroterapia, atividades recreativas e apoio psicológico. Tornou-se um centro de referência no país, por onde já passaram mais de vinte mil pessoas.

Mesmo com tantas atividades, Mayana procura estar diariamente em seu laboratório. Na coordenação do Centro de Estudos do Genoma Humano, ela e sua equipe localizaram, em 1995, um dos genes ligado a uma distrofia que afeta braços e pernas e até então desconhecido do mundo científico. De lá para cá, já identificaram mais cinco genes ligados à distrofia, fato importante para futura descoberta da cura da doença. Desenvolveram também testes genéticos para diagnóstico precoce de pelo menos cinquenta doenças hereditárias. Com isso, é possível evitar o nascimento de bebês com enfermidades genéticas. Mayana briga agora para que o Sistema Único de Saúde (SUS) ofereça esse serviço de diagnóstico às gestantes. Ela milita também pela legalização do aborto em caso de fetos com doenças genéticas não reabilitáveis.

Com a aprovação da Câmara dos Deputados da pesquisa científica com células-tronco, desde que obtidas por meio de fertilização *in vitro* e congeladas há mais de três anos, a bióloga tem agora ainda mais ocupações pela frente. "O que mais almejo, no momento, é conseguir o tratamento das distrofias musculares."

Meu trabalho é mais do que uma profissão, é uma missão

João Urban/N Imagens

Moema Viezzer

por *Fernanda Pompeu*

Ela é a biodiversidade em pessoa. A polifonia encarnada. Com a mesma facilidade com que comunica conceitos complexos, empreende ações locais capazes de reverberações planetárias. Como poucos, ela sabe: o que acontece no quintal repercute no universo, o que acontece no universo repercute no quintal. Transformadora de paradigmas, sua grande adversária são as monoculturas do pensamento, da agricultura, da tecnologia.

Moema Libera Viezzer, nascida em 1939, é também autora de um clássico latino-americano: *Se me deixam falar.* Com um gravador e uma Olivetti 46, ela recolheu e estruturou o depoimento de Domitila Barrios de Chungara. No livro, Domitila narra o sistema de opressão e as péssimas condições de trabalho e de vida nas minas bolivianas.

Se me deixam falar foi o passaporte de Moema para o mundo do feminismo. O ano era 1975, a ocasião foi a Tribuna da Mulher – reunião paralela à Primeira Conferência Mundial sobre a Mulher, realizada no México. "Fiquei muito atenta ao que via e ouvia." A partir dessa experiência, a então exilada política percebeu que as questões das mulheres seriam a viga mestra de seus projetos relacionados à educação popular.

Em 1980, com a Anistia e a redemocratização política, Moema Viezzer voltou ao Brasil. Inquieta, passou um tempo pensando no que fazer. Vi-

Brasileiras

sionária, idealizou a Rede Mulher de Educação – organização que, mais tarde, se tornaria referência em educação política para mulheres. Muito antes do trabalho em rede virar "feijão com arroz", ela intuiu suas potencialidades: "A rede parte do exemplo da teia da vida, na qual todos são interdependentes".

Coordenando a Rede Mulher de Educação, ela pôs na cidade e no campo um pacote de ações: formação de líderes populares para as questões de gênero e do meio ambiente. Promoveu um sem número de reuniões, encontros, vivências, oficinas. Produziu impressionantes panfletos, cartilhas, manuais, vídeos. Pintou com seu cérebro e bordou com suas mãos novas metodologias de educação popular.

Seu princípio sempre foi o de respeitar os saberes inerentes às pessoas e às comunidades. Jamais encarar os educandos como tábuas rasas ou depósitos para conteúdos acadêmicos. "Cada qual tem a sua sabedoria, cada qual conhece um jeito de fazer."

Com talento de articuladora, na Conferência Mundial do Meio Ambiente (eco/92), Moema foi a facilitadora da redação do "Tratado de educação ambiental para sociedades sustentáveis e responsabilidade global" que, ao lado da "Carta da Terra", é considerado um dos principais instrumentos para a formação de educadores ambientais. Seu dedo também aparece nas variadas iniciativas em que dialogam questões de gênero e gestão do meio ambiente.

"Para sobreviver, o planeta precisa de cuidados. São as mulheres as grandes cuidadoras das crianças, dos velhos, da água, da terra." O problema é que o trabalho de cuidar é historicamente desvalorizado. Como são desqualificados os saberes comunitários, as tecnologias tradicionais, as culturas locais.

Como é de seu costume, Moema Viezzer colocou-se na dianteira ao vestir a camisa do Ecofeminismo. Trocou a megalópole São Paulo pela pequena Toledo, no Paraná. Na companhia do marido, das duas filhas, da mãe de 90 anos e da neta de 2, ela escreve um novo capítulo de sua história. "Aceitei o desafio de levar as questões de gênero relacionadas ao meio ambiente para o mundo das empresas."

Consultora, desenvolve projetos que transformam o cotidiano das pessoas. Tenta contribuir para sedimentar a consciência de que só existe um tipo de desenvolvimento – aquele que é sustentável e saudável. Para alcançá-lo é necessário um conjunto de esforços pessoais, comunitários, empresariais, governamentais. "De dentro para fora, de fora para dentro."

Ela está envolvida na formação de líderes comunitários capazes de enxergar a realidade com olhos holísticos. Capazes de compreender que para haver crescimento, com paz, é necessário ouvir as mulheres e, sobretudo, valorizar seus trabalhos na cadeia de produção e reprodução da vida. Moema insiste que, sem o reconhecimento e a valorização do trabalho feminino, o desenvolvimento sustentável é só discurso, nada mais.

Hoje, entre outras tarefas, ela mergulha em um projeto de responsabilidade social da empresa Itaipu Binacional. Trata-se do programa Cultivando a Água Boa – que recupera a qualidade da água das nascentes até o lago: "Tudo interligado com a agricultura orgânica, as ervas medicinais, o respeito à cultura indígena e a valorização das mulheres".

Não é à toa a preocupação de Moema com a água boa. Vital para a sobrevivência dos seres e do planeta, a água limpa está seriamente ameaçada pelos desmandos do lucro a qualquer preço somados ao descaso do Estado. Sem água para beber e cozinhar, o futuro será cancelado.

É disso que se trata: trabalhar no presente tendo como objetivo a continuidade da vida. No lugar de deixar um deserto para as gerações vindouras, melhor deixar um jardim, no qual todas as formas de vida tenham a oportunidade de coexistir.

Quando uma pessoa muda, o mundo se transforma

Nair Benedicto/N Imagens

Nième Guidon

por *Fernanda Pompeu*

Contrariando os amantes que lamentam a aurora anunciando a separação, mal o sol desponta, ela entra na sua caminhonete 4x4 e vai ao encontro de sua paixão. Para estar ao lado dele, ela trocou Paris por São Raimundo Nonato, no Piauí. Em nome dele, ela enfrenta caçadores, detratores, tecnocratas, invasores, arqueólogos ortodoxos. Para mantê-lo vivo, ela tenta seduzir a curiosidade dos brasileiros para milhares de anos atrás.

O nome dela é Nième Guidon, nascida em Jaú, São Paulo, no ano de 1933. O nome dele é Parque Nacional Serra da Capivara, criado em 1979. Os dois são cheios de títulos. Ele é Patrimônio Cultural da Humanidade, com papel passado pela Unesco. Ela é livre-docente em Arqueologia, com papel passado pela Sorbonne.

A história deles começou em 1963. Ele ainda não era Parque, ela ainda não sabia que seria sua guardiã. Fazendo-se de Cupido, o acaso favoreceu o encontro. Nième trabalhava então no Museu Paulista da Universidade de São Paulo, quando um ex-prefeito da região da Capivara a procurou para mostrar "fotos de desenhos de índio". Ela viu que se tratava de algo completamente desconhecido e belo. "Anotei o nome do lugar".

Nas férias seguintes, tentou ver os desenhos, as chuvas impediram. "Logo depois veio o Golpe Militar, deixei o Brasil rumo à França, mas aquelas

Brasileiras

fotografias nunca saíram da minha cabeça." Finalmente, em 1971, após acompanhar uma missão arqueológica francesa em Goiás, ela pegou o carro para o sudeste do Piauí. Aportou no começo da maior aventura de sua vida.

Fotografou alguns sítios repletos de desenhos e pinturas rupestres, presumiu que muitos outros se escondiam, protegidos por serpentes, sob a mata fechada. Voltou para Paris, convenceu seus pares e organizou a primeira de uma série de expedições à Serra da Capivara.

Escavaram e escavaram. Além de fósseis de animais de grande porte, os pesquisadores encontraram urnas funerárias, ferramentas, utensílios de cerâmica. Colecionaram vestígios da presença humana, em solo americano, anterior a 50 mil anos! Um susto para os arqueólogos que, até aquele momento, consideravam a mulher e o homem americanos muito mais jovens. Deram de cara com a arte rupestre em infindáveis paredões de rocha, um acervo iniciado há milênios. Museu a céu aberto.

Com o empenho dela, ele se tornaria Parque Nacional. Mas no começo, com Nièthe transitando na ponte Paris–Piauí, ele não passava de um parque no papel. Sem segurança, sua fauna era morta por caçadores e sua arte destruída por depredadores. O casamento deles se tornou inexorável. Professora aposentada pelo governo francês, foi convidada pelo governo brasileiro para dirigir o Parque Nacional. Ela disse adeus ao Sena e ao Jardim de Luxemburgo.

Em 1993, com residência em São Raimundo Nonato, Nièthe criou a Fundação Museu do Homem Americano (FUNDHAM) que, em parceria com o Instituto Brasileiro do Meio Ambiente e dos Recursos Renováveis (Ibama), é responsável pelo manejo do Parque Nacional Serra da Capivara.

Não apenas pelo manejo. Como o Brasil faltou à aula em que ensinaram a pesquisar o passado para fruir o presente, o trabalho de Nièthe Guidon extrapola o da arqueóloga. Ela é uma executiva total. Corre atrás de dinheiro, sobe a rampa do Planalto, bate na porta de governador, entra nos gabinetes dos prefeitos, cobra ação dos delegados de polícia para coibir caças e invasões na área do tesouro.

Nièdе Guidon

É preciso ter espírito de raposa para proteger esse patrimônio, que é dos brasileiros em geral e da humanidade em particular. Há no Parque, uma mostra de caatinga nativa com seus mandacarus, xiquexiques, aroeiras, juazeiros. Por lá, circulam lagartos, iguanas, periquitos, papagaios, araras-vermelhas, tatus, mocós, seriemas, onças, gatos-do-mato, veados.

Toda essa vida presente convive com vestígios e representações pré-históricas. Até agora, foram encontrados 809 sítios arqueológicos, sendo quinhentos deles com pintura rupestre. Arte sofisticada que compreende duas tradições, a Nordeste e a Agreste. Grafismos de uma beleza tocante, com temas recorrentes de dança, caça, coleta, divertimentos, sexo, trabalhos de parto.

É preciso ter olhos de lince para vigiar tamanha riqueza, pois o Parque não se defende sozinho. Então, mais uma vez, Nièdе Guidon mobiliza suas energias para convencer políticos, gestores sociais e a comunidade acerca do enorme potencial turístico-cultural da região.

Hoje, está empenhada na construção de um aeroporto internacional em São Raimundo Nonato, que despejará pesquisadores e milhares de turistas. Tráfego de alto nível que poderá criar uma massa de empregos diretos e indiretos. Não transformará o sertão em mar, mas irrigará a caatinga com capitais econômico e cultural.

Enquanto o aeroporto não decola, ela vai esticando a verba e esquentando o verbo para convencer a todos, do sem-terra ao presidente da República, da importância do tesouro.

Nièdе Guidon é visionária. Compreende que amar o passado da humanidade é preservar, no presente, a pujança do Parque Nacional Serra da Capivara para o futuro.

O Piauí já foi primeiro mundo, de repente pode voltar a ser

Marie Hippenmeyer/N Imagens

Nilza Iraci

por *Fernanda Pompeu*

Tudo parecia escrito. E mal escrito. A infância dura: pai ausente, mãe sem tempo. Às vezes, o frio. Muitas vezes, a fome. Aos 9 anos, ela amargou o emprego precoce na casa de uma família rica. Sem direito à escola, lavava, arrumava, limpava. Criança, cuidava de outras crianças. Se aprontasse travessuras, apanhava. À noite, sentia medo de dormir no quartinho escuro. Também temia seu desejo de surrupiar a latinha de leite condensado que, na farta despensa, cobiçava seu paladar.

Aos 14 anos, tornou-se operária. Ganhava meio salário mínimo para manipular ácidos que niquelavam fechos de bolsas. Depois, foi para uma fábrica de macarrão. Aos finais de semana, vendia churrasquinhos em feiras e fazia bicos como faxineira e babá. Sobreviver era o desafio dia a dia.

Hoje, seu nome está gravado na placa que enfeita o *hall* da maior organização não governamental de mulheres negras do Brasil. Nilza Iraci é uma das diretoras do Geledés – Instituto da Mulher Negra. Nascida em 1950, mãe da Fabiana, é presença obrigatória em iniciativas, manifestações e ações feministas e antirracistas.

Uma pista para compreender o salto para o alto dessa mulher, pode estar em uma característica detectada por ela mesma: "Sempre fui curiosa, sempre perguntei o porquê das coisas. Nunca me conformei". Certamente, isso é pouco para definir a ativista contumaz. Além de um espírito investigativo, existe a alma da guerreira. Nilza entendeu muito cedo que para superar tantas dificuldades seria preciso conjugar o verbo "lutar" em todos os seus tempos e modos.

Fabricando macarrão de dia e estudando à noite, ela arranjou espaço para se aproximar do movimento estudantil. Os anos cobriam-se de chumbo grosso, os militares e seus agentes mordiam forte. Os autores de cabeceira dos estudantes eram Marx, Trotski, Mao e companhia. Porém, Nilza não se sentia à vontade. "Enquanto eu suava na fábrica, meus colegas iam ao cineclube assistir à *Greve*, do Eisenstein."

Na sequência, chegou perto do Partido Comunista Brasileiro (PCB). Foi um amor de verão. O machismo, inerente à maior parte dos companheiros, a assustou. Ela não podia admitir um discurso que pregava a revolução socioeconômica, ao lado de uma prática que mantinha as mulheres em segundo plano. "A maioria dos camaradas nos viam como eternas coadjuvantes."

A menina, que havia comido o pão que o diabo amassou, intuía que a transformação das circunstâncias sociais passava necessariamente pela revolução dos comportamentos. Qualquer proposta de mudança que ignorasse as injustiças de gênero era papo para boi dormir.

Valendo-se de sua radical curiosidade, bateu à porta do movimento feminista. Encontrou mulheres que, queimando ou não sutiãs, estavam dispostas a subverter o feminino dependente e subserviente. Nilza abraçou o feminismo como quem abraça cobertores em noites frias. Envolveu-se no combate à violência doméstica e na conquista de direitos para as mulheres. Desenvolveu estratégias inovadoras de comunicação. "Com as feministas, tive a sensação de ter encontrado a minha turma."

Ter encontrado a turma não significou domesticar sua capacidade crítica. Ela percebeu que, naquele momento, o feminismo era predominantemente branco e de classe média. As feministas evitavam a discussão racial. "Para muitas delas, minha negritude era invisível." Nilza passou à ação: pôs em pauta os problemas de raça. Questionou a relação, nada equânime, entre mulheres negras e brancas.

Mais tarde, ao participar da criação das primeiras organizações de mulheres negras, ela introduziu as questões de gênero. Pois de nada adiantava lutar contra a discriminação racial, sem levar em conta a discriminação e a violência contra as mulheres. Enfim, ela encontrou a síntese: "Sou uma negra feminista".

Uma feminista negra que transita em vários níveis da militância. *Habituée* dos corredores das Nações Unidas, em Nova York. Presença qualificada em seminários, reuniões preparatórias, congressos nacionais e internacionais de gênero e de raça. Ela não se importa de atravessar madrugadas rasgando o verbo, distribuindo argumentos, negociando. Tudo pelo avanço dos documentos que irão comprometer os países a investirem em políticas públicas favoráveis às mulheres, aos homossexuais, aos negros.

Mesmo circulando por ambientes sofisticados, nunca se olvidou das donas Marias que seguem penando, por serem mulheres, e na maioria negras, nos cortiços, favelas, periferias. Também não se esquece de sua sofrida origem.

Ela conta um episódio recente vivido quando estava em um táxi a caminho do aeroporto. Na parada de um semáforo, apareceu um homem vendendo caqui. Ela reconheceu o irmão caçula. Antes que pudesse saudá-lo, o taxista arrancou. "Peguei o avião para uma reunião em Paris com um nó na garganta."

O nó não foi somente pela penúria do irmão. A angústia é pelas más condições de vida da maioria dos brasileiros. Sentimento que leva muita gente ao desânimo e ao ceticismo. Mas não ela. A saltadora de obstáculos, a mulher que superou a pobreza e um câncer, segue conjugando o verbo lutar.

A dor da gente nunca sai no jornal

Nair Benedicto/N Imagens

Procópia dos Santos Rosa

por *Fernanda Pompeu*

Não é fácil chegar ao Quilombo Kalunga, encravado nos vãos da Serra Geral, na região de Monte Alegre, Goiás. Além de dispor de um veículo com tração nas quatro rodas, é preciso golfadas de coragem para cruzar pontes inseguras, margear precipícios e inalar muita areia. As duas outras opções são para iniciados. A primeira, embrenhar-se na mata e caminhar cerca de 47 km, tendo, é claro, um guia kalunga à frente. A segunda, aventurar-se pelo perigoso rio Paranã – uma arapuca de pedras.

Os quilombolas dessa região souberam se esconder esplendidamente dos odiosos capitães de mato pagos, pelos escravocratas brancos, para recapturar os negros fugidos. O fato é que nenhum capitão de mato conseguiu chegar perto do Riachão, também conhecido como "núcleo da Procópia", no Quilombo Kalunga.

Também, nem pense em ir sem ser convidado. Para ser recebida pela líder comunitária Procópia dos Santos Rosa, a pessoa precisa ser apresentada por alguém de confiança. Para merecer a confiança dela, é imprescindível tomar café em sua cozinha e sustentar um diálogo olhando nos olhos.

Entrar no Riachão, entre a serra e o rio, é como entrar em uma velha casa com normas ancestrais. Também é uma volta no tempo: o reencontro

Brasileiras

com uma economia de subsistência. E um avanço: a descoberta de uma comunidade consciente de sua identidade e de seus direitos.

Dona Procópia é uma líder kalunga. Não tem cargo formal, não pertence a nenhuma associação. Sua liderança foi construída na prática persistente e comezinha de defender o modo de vida dos quilombolas. Nascida em 1933, jamais sentou-se em um banco escolar, não sabe ler nem escrever. Mas conhece tudo de uma outra gramática, cujo verbo lutar é conjugado diariamente.

Por ter certeza de que a escola foi um direito negado a ela e a seus filhos, seu semblante brilha ao ouvir netos e bisnetos lerem em voz alta. Apesar de não se vangloriar, é merecedora do crédito de ter conseguido que o Estado implantasse a escola fundamental no Riachão. Dá gosto ver crianças e adolescentes da comunidade esquadrinhando o mapa do Brasil, descobrindo que pertencem a um país.

Não importa por onde ela passe, ouvimos a saudação: "Benção, mãe Procópia!" Parteira por toda vida, ela não faz ideia do número de rebentos que ajudou a pôr no mundo. Sem pré-natal, sem recursos médicos, "a gente tinha que fazer, porque ou fazia ou a criança não nascia". Filhos de útero, ela teve dois. Os netos são treze; os bisnetos, ela perdeu a conta.

Procópia dos Santos Rosa gosta de reiterar que é "uma mulher simples, nascida e criada na roça". Esse simples está a quilômetros longe do simplório. A descendente de escravos que fizeram da liberdade seu maior bem, esconde, atrás da fala mansa e da extremada educação, uma alma de leoa! Leoa da qual o DNA deve vir das estepes africanas.

No final da década de 1980, ela teve a oportunidade de mostrar as afiadas garras ao impedir a construção da Hidrelétrica Foz do Bezerra que inundaria as terras dos kalungas. Como indenização, o pessoal das Furnas ofereceu casas na cidade, com pés de laranja nos quintais. A resposta de Procópia foi peremptória: "Não me conformo com isso não. Quero ficar na terra que a gente mora há mais de duzentos anos. Terra que herdamos dos nossos antepassados". Um tecnocrata chegou a dizer: "Se pararmos a construção da barragem, vamos perder muito dinheiro". A quilombola retrucou: "Se vocês, que já são ricos, vão perder dinheiro, imagine nós que ficaremos sem nada se perdemos nossas terras".

Final de jogo. O projeto da Foz do Bezerra foi engavetado. Por quanto tempo? O tempo que os kalungas resistirem. Consciente de que a ameaça pode voltar, Procópia se preocupa com os jovens da comunidade. Anseia que, no futuro, eles saibam defender o patrimônio kalunga. "Eles viram minha luta, espero que tenham aprendido."

Por conta da Constituição de 1988 e da pressão do Movimento Negro, os quilombolas receberam a titulação coletiva da terra. Mas seu patrimônio não é tão somente físico. Eles são proprietários de um incomensurável bem imaterial: sua história nascida da resistência à escravidão e suas tradições guardadas a sete chaves.

Daí, além de leoa, Procópia é também águia vigilante do bem estar de seu povo. Função que conquistou subindo e descendo de canoa, com a amiga Santina, já falecida, o Rio Paranã para bater na porta de políticos em Goiânia e em Brasília. Sempre atrás dos direitos. "A gente precisava dizer das nossas necessidades."

Foi assim que ela conseguiu que abrissem a estrada, erguessem a escola, contratassem os professores, levassem a água encanada. Ela segue reivindicando melhorias: a luz elétrica, o transporte, o posto de saúde.

Aos 72 anos, Procópia se queixa de uma existência enrugada pelo trabalho duro e de recorrentes dores nas pernas. Dois são seus desejos: passar os anos que lhe restam ao lado do marido Salú e ver as novas gerações manterem acesa a identidade kalunga.

Minhas pernas estão ruins, mas a cabeça vai boa

Nair Benedicto/N Imagens

Raimunda Gomes da Silva

por *Patrícia Negrão*

A neta faz arte. A avó põe de castigo. Atrevimento no sangue, a criança responde: "Espera só meu pai chegar. Conto tudo pra ele, que é valente como você". Valentia que não passa despercebida nem pela menina de 3 anos. Valentia que fez de Raimunda Gomes da Silva uma lutadora numa das regiões mais violentas do país, o Bico do Papagaio, ao norte do Tocantins.

Olhos marotos, sorriso fácil e coração enorme, essa maranhense torna-se uma leoa quando vê desrespeitados os direitos de qualquer minoria. Primeiro, ela disse "não" ao machismo urbano. Jovem, abandonada pelo marido, trabalhou duramente em Curralinho, interior do Maranhão, onde nasceu em 1940. Era vítima de preconceito por ser "descasada e sozinha". Recebia propostas de homens mais velhos, que prometiam casa e conforto caso ela se tornasse sua amante. Sem perder o humor, seguia na árdua lida diária para dar de comer aos seis filhos pequenos.

Aos domingos, dia de descanso, buscava conforto nas reuniões comunitárias da Igreja Católica. Um dia, viu um porco dentro da Igreja. Não se conformou. "Os evangélicos tinham um lugar bonito e nós rezando naquele barracão de taipa." Mobilizou os católicos, fez quermesse, arrecadou dinheiro, conseguiu adeptos para construir o novo espaço. "Em

Brasileiras

poucos meses, tínhamos uma igreja nova. O padre ficou tão feliz que não me largava mais."

Raimunda dava aulas sobre religião e cuidados com a saúde e educação. Percebeu, então, muitas trabalhadoras rurais discriminadas e desvalorizadas em casa e no trabalho. "Eu via o sofrimento das companheiras pobres e sem estudo como eu. Sofriam as solteiras e as casadas, seus filhos e filhas, crianças como as minhas, abandonadas pelo pai."

Raimunda, aí, estendeu o "não" para o machismo no campo. Com jeito simples e otimista de falar e rapidez no agir, ela ouvia as mulheres. E se fazia ouvir. Levantava a autoestima de quem batesse em sua porta: mães solteiras, casadas vítimas de violência doméstica, prostitutas exploradas por gigolôs.

Despertava em Raimunda o espírito de comando e justiça que a tornaria, muitos anos depois, a "Dona Raimunda do Coco", uma das lideranças mais carismáticas e respeitadas na luta por reforma agrária. Já recebeu muitas ameaças de morte e enfrentou policiais, fazendeiros e políticos na briga por terra. Atualmente, entre outros cargos, ela coordena em Brasília a Secretaria da Mulher Trabalhadora Rural Extrativista, que atende cerca de oito mil mulheres em oito estados da Amazônia.

Rodou muita estrada e precisou usar muito de sua valentia até chegar lá. Em 1979, Raimunda saiu do Maranhão com os filhos pequenos e foi viver em Sete Barracas, no Tocantins, onde o irmão possuía um pedaço de terra. No local moravam 52 famílias, amedrontadas e ameaçadas por grileiros. "Vi ali não somente mulheres, mas também homens sofrendo."

Pouco tempo depois de instalada no assentamento, ela já participava de manifestações, conversava e reunia os homens e mulheres do campo. Uniu-se à Pastoral da Terra e a outras lideranças e fundou, com eles, o Sindicato dos Trabalhadores Rurais de São Sebastião de Tocantins. "Apesar da distância entre as comunidades, conseguimos 552 sócios." Continuaram resistindo até que, em 1985, foram expulsos das roças por policiais. "Queimaram nossas casas e nossas plantações. Não tínhamos o que dar de comer a nossas crianças nem onde morar."

Por pressão do sindicato, voltaram ao assentamento. Mas os conflitos aumentaram. Padre Josimo Tavares, importante aliado dos lavradores, foi assassinado. Raimunda viajou a várias capitais do país para denunciar o crime. Deu entrevistas nas principais redes de televisão, fez contato com ONGs e com políticos. Retornou para casa conhecida em todo o Brasil. As ameaças voltaram-se contra ela. Porém, um ano depois, obtiveram a posse da terra.

Mas faltava roça para muitas famílias e Raimunda continuou na briga por reforma agrária. Em 1988, participou da criação da Federação dos Trabalhadores Rurais de Tocantins. Começou também a militar pelos direitos das quebradeiras de coco babaçu. No final dos anos 1980 e início dos 1990, as agricultoras extrativistas do Pará, Maranhão, Piauí e Tocantins se organizaram em associações para lutar pela preservação do babaçual – que estava sendo queimado pelos fazendeiros – e pelo direito legal de acesso livre nas propriedades particulares para colher o coco.

Com algumas companheiras, Raimunda organizou, em 1992, a Associação Regional das Mulheres Trabalhadoras Rurais do Bico do Papagaio (ASMUBIP). Começaram a promover encontros para discutir direitos – primeiro nos municípios mais próximos e, em seguida, nos estados vizinhos. Participaram, então, da fundação do Movimento Interestadual das Quebradeiras de Coco Babaçu (MIQCB), que atinge os quatro estados.

Comemoram conquistas: muitas crianças hoje já não precisam quebrar mais coco, não há mais a figura do atravessador – homem que negociava o produto – e a lei proíbe a derrubada das árvores. Calcula-se que no país haja mais de dezesseis mil mulheres vivendo da venda do coco. Por sorte, entre elas há sempre as "Raimundas": valentes, fortes e lutadoras por um país mais justo.

Eu não quero morrer matada, quero morrer na cama

Dudu Cavalcanti/N Imagens

Rose Marie Muraro

por *Carla Rodrigues*

O seu grau de miopia é tão alto que, clinicamente, ela é considerada cega. Nem esse obstáculo aparentemente intransponível impediu Rose Marie Muraro de se tornar escritora de 26 livros publicados no Brasil, além de duas traduções na Espanha e uma em Portugal. Leitora e escritora voraz, ela foi responsável por publicações nas editoras Vozes, Forense Universitária e Rosa dos Tempos.

Rose foi uma das pioneiras do movimento feminista no país. Em 1971, promoveu a visita da feminista norte-americana Betty Friedman ao Brasil. A repercussão foi enorme. "O país inteiro comentou, nas ruas as pessoas respondiam a enquetes feitas pelos veículos de comunicação e todo mundo falava sobre isso. O assunto ganhou tanto destaque que durante algum tempo a imagem do feminismo brasileiro ficou, de certa forma, atrelada à de Betty."

Em plena ditadura militar, a entrevista de Rose ao jornal *Pasquim* entrou para a história do feminismo no Brasil. Ela falou sobre as ideias feministas de Betty, então inovadoras, e respondeu a perguntas de Glauber Rocha, Paulo Francis, Sérgio Cabral, Jaguar e Borjalo, numa roda em que era a única mulher. "Eu estava muito segura e eles ficaram espantados, pois encontraram uma mulher com o mesmo sentido erótico de todas as outras e que estava trabalhando pela igualdade de gênero. Foi muito difícil de engolir."

Muraro deu enorme contribuição à popularização do feminismo no país, mas falar abertamente sobre sexualidade lhe rendeu perseguição política, agressões pessoais e estigmas difíceis de serem superados. "Muitas foram as vezes em que me chamaram de feia, bruxa, prostituta e mal amada. Eu era detestada por aqueles que tinham valores antigos e convencionais e amada por todos os outros que estavam em busca de conceitos novos. Eu vivia cercada de jovens."

Além do preconceito, ela enfrentou também a censura aos seus livros, que eram considerados pornográficos pelo regime militar. Em 1983, publicou *A sexualidade da mulher brasileira: corpo e classe social no Brasil*, que ficou por seis meses na lista dos mais vendidos e teve grande repercussão na imprensa, chegando a alcançar 64 capas de revistas e jornais. "Meus filhos adoravam, porque eu era famosa e estava na televisão e no rádio e havia gente em casa todos os dias. Apesar disso, sempre tive certeza de que estava apenas cumprindo minha missão libertadora de trabalhar a igualdade humana."

O impulso dado por Rose no debate sobre igualdade entre homens e mulheres estimulou a luta pelos direitos da mulher no país. Em 1975, depois de uma semana de intensos debates sobre a situação da mulher na sociedade brasileira, um grupo delas fundou a instituição que seria o marco do movimento feminista contemporâneo no Brasil, o Centro da Mulher Brasileira (CMB). Rose foi uma das fundadoras do CMB e, dez anos depois, em 1985 integrou a primeira formação do Conselho Nacional dos Direitos da Mulher, primeiro no país a representar os interesses políticos das mulheres.

Desta época, guarda uma comparação curiosa sobre o feminismo. "Um amigo, depois de muito insistir, conseguiu pela primeira vez passar a noite com a namorada, que era modelo. Ao vê-la tirar a peruca, os cílios postiços, as unhas falsas e a maquiagem, ele viu um fantasma. Com o feminismo, aconteceu à mesma coisa, todos os símbolos de opressão foram tirados e queimados, mostrando um novo cenário."

Em 1946, começou sua militância na Ação Católica ao lado de dom Hélder Câmara. "Foi onde aprendi a conjugar a necessidade de mudança das estruturas com a mudança do ser humano." Da militância na Ação Católica nasceu uma parceria com a Teologia da Libertação e Leonardo Boff, com quem escreve livros até hoje. Os dois foram expulsos da editora Vozes em 1985 quando publicaram *Sexualidade, libertação e fé: por uma erótica cristã.* "Naquele tempo a sexualidade era um tema tabu."

Desde o início da militância, já na Juventude Universitária Católica (juc), sua grande paixão tem sido a defesa dos direitos humanos e da igualdade entre homens e mulheres. Rose sempre acreditou que é impossível haver paz enquanto houver uma relação desigual, de subordinação e luta, entre homens e mulheres. "A paz é o resultado do amor. Quem ama não compete."

Aos 74 anos, Rose tem seu trabalho reconhecido por muita gente: é cidadã honorária de Brasília e de São Paulo. É também mãe de cinco filhos, avó de doze netos e tem duas bisnetas. Hoje, precisa da ajuda da família para sobreviver, já que nos últimos três anos, enfrentou graves problemas de saúde. Apesar da visão debilitada, Muraro lê e escreve diariamente, na sua rotina de trabalho no modesto apartamento em que vive no bairro de Copacabana, no Rio de Janeiro, cidade onde nasceu. Sua imensa contribuição ao feminismo no Brasil tem sido valorizada no país nos últimos vinte anos, período que coincide com o da redemocratização brasileira. No entanto, ela lamenta constatar que até hoje existe um ranço do forte estigma que marcou sua atuação pública.

Nada de grande se faz sem paixão

Dudu Cavalcanti/N Imagens

Ruth de Souza

por *Carla Rodrigues*

A menina Ruth de Souza deixou o interior de Minas Gerais aos 9 anos, depois da morte do pai. Passou a viver em Copacabana, Rio de Janeiro, com a mãe e os dois irmãos. E foi ainda pequena que desenvolveu o seu fascínio pelo cinema. Na primeira vez que sonhou em ser atriz, a jovem Ruth não imaginou que a cor negra da pele pudesse ser um obstáculo. Hoje, aos sessenta anos de carreira, a trajetória dessa mulher reflete a história do racismo no Brasil. Esse desbravamento é a marca principal na carreira de Ruth que, em quase setenta personagens no teatro, no cinema e na TV, só foi protagonista duas vezes. "Se formos juntar todos os papéis que fiz no cinema não sei se dá duas horas de projeção."

Ainda na infância, Ruth deu-se conta da invisibilidade do negro na sociedade brasileira. Sua mãe entregava roupa lavada numa das casas para as quais trabalhava, quando alguém na rua convocou as crianças. Mesmo estando diante de Ruth, que tinha apenas 10 anos, a dona da casa anunciou: "Não tem nenhuma criança aqui." Ela ouviu e pensou: "Mas eu sou criança". Levou muitos anos para entender que, sendo criança, mas negra, para alguns era como se não existisse.

Ruth estreou no teatro aos 17 anos, em 1945, no papel de uma velhinha em *O imperador Jones*, de Eugene O'Neil. A peça foi encenada pelo grupo

Brasileiras

Teatro Experimental do Negro (TEN), que montou O'Neil duas vezes naquele ano no Teatro Municipal e atuou como companhia teatral até 1957. Foi no Festival Shakespeare que Ruth interpretou Desdêmona, pela primeira vez no Brasil vivida por uma negra.

Ruth foi uma desbravadora também no cinema brasileiro, no qual estreou em 1948 com *Terra Violenta*. No Brasil daquela época, em que o negro estava praticamente fora das telas, abriu caminhos e trabalhou para as Companhias Atlântida e Vera Cruz.

Seu talento e enorme dedicação ao trabalho de atriz teve como resultado uma bolsa para estudar arte dramática nos Estados Unidos, para onde foi em 1950. Indicada por Paschoal Carlos Magno para uma bolsa da Fundação Rockefeller, ela esteve em Cleveland, em Nova York e em Washington.

A Broadway e a Universidade de Harvard marcaram o tempo em que viveu nos EUA. Nos dois meses que passou na Broadway, Ruth esteve em peças e ensaios e teve contato com diversos profissionais. Muitas vezes, encontrava pessoalmente os atores que estava acostumada a ver no cinema. Quando visitou Washington, surpreendeu-se ao conhecer negros de classe média alta. Foi lá que assistiu a diversas montagens de William Shakespeare, com elencos compostos apenas por negros. "Na vida de qualquer pessoa, branca ou negra, a educação é a base de tudo. Se nossa gente tivesse educação, não haveria preconceito."

A trajetória profissional de Ruth também está ligada ao início da TV brasileira. Abrir caminho nas artes dramáticas exigiu dela enfrentar os padrões de beleza em vigor, que não incluíam os negros. Sua primeira novela (de uma série de trinta) foi *A Deusa Vencida* (1965), na TV Excelsior. Contratada da TV Globo desde 1969, ela nunca mais saiu do vídeo e lembra com carinho de seus personagens em novelas como *Duas Vidas* (1977), *Sétimo sentido* (1982).

Ruth já estrelou 22 filmes, orgulha-se de ter disputado o prêmio de melhor atriz coadjuvante no Festival de Veneza com as consagradas Katherine Hepburn e Lili Palmer.

Sempre recebeu muito apoio dos colegas, e acha que foi pelo espanto que sua determinação de vencer causou. Num momento em que o negro só aparecia nas artes cantando e dançando, ela venceu trilhando o caminho da arte dramática. "De certa forma, isso me ajudou na carreira, porque eu era diferente." Vaidosa, lamenta a falta de referenciais de beleza e sucesso para mulheres negras na sociedade brasileira ainda hoje.

Sem nunca ter sido militante, Ruth enfrentou com armas próprias o monstro do preconceito racial no Brasil. "Ainda são poucas, mas quando comecei, era a única." Católica, vive sozinha, cercada de plantas e abençoada por uma imagem de Nossa Senhora da Conceição, de quem é devota. Seu apartamento no bairro do Flamengo tem a tranquilidade dos que sabem apreciar silêncio e solidão.

"Não tenho dúvida de que, com a minha carreira, contribuí para mudar a percepção que a sociedade brasileira tem da mulher negra." Ser diferente, ser a primeira, ser pioneira, fez parte da vida e da trajetória profissional de Ruth. Na juventude, sempre que expressava o desejo de tornar-se atriz, ouvia: "Você não pode ser atriz porque é negra". Até hoje lembra da frase, mas agora com o orgulho de quem construiu uma trajetória profissional marcada por determinação, seriedade e, sobretudo, muito talento.

Sempre tive grande capacidade de compreensão,
de suportar o preconceito e de tentar entender

Dudu Cavalcanti/N Imagens

Schuma Schumaher

por *Carla Rodrigues*

Ela nasceu numa fazenda, num pequeno município do interior de São Paulo. Aos 2 anos foi levada para Santa Fé do Sul, a 700 km da capital, cidade que tem hoje 28 mil habitantes. Filha mais velha de uma família humilde, de pais com baixíssima escolaridade, começou desde muito cedo nas lides da roça. Ajudava na colheita de café e algodão. Quando terminou o primário, o que lhe exigia uma caminhada diária de 6 km para chegar à escola, não bastava apenas querer continuar os estudos. Os obstáculos tinham raízes na tradição: ninguém na fazenda onde morava estudava além do primário, deveria portanto deixar os estudos e ajudar no trabalho da terra. A mãe achava que estudar não era necessário para uma mulher. "Foi uma barreira que tive de romper sozinha. Eu sempre achei que o trabalho na terra e o casamento eram muito pouco para uma vida inteira."

Schuma rompeu muitas vezes com o roteiro programado para ela. Ainda criança, matriculou-se às escondidas no curso ginasial. Foi normalista, formou-se professora primária e começou a trabalhar. Aos 18 anos decidiu partir para a capital, um acontecimento que a pequena Santa Fé do Sul parou para ver. A despedida teve banda de música na estação de trem. "Apesar das dificuldades, eu nunca pensei em desistir. Sempre havia uma maneira de driblá-las." Em São Paulo, empregou-se para pagar o cursinho que fazia à noite. Estudou Matemática, mas foi em Pedagogia que se formou e seguiu carreira.

Ainda em São Paulo, no final da década de 1970, pôde conhecer os caminhos da militância feminista. "No íntimo, eu tinha muitas inquietações sobre o papel reservado às mulheres. Foi o feminismo que me ajudou a transformar essas sensações em uma questão política." Nesse período, Schuma conheceu o Centro da Mulher Brasileira, primeira organização feminista da qual fez parte. Mais tarde ajudou a fundar o primeiro SOS Mulher do país, que atendia mulheres vítimas de violência. O trabalho desse grupo inspirou a criação das delegacias especializadas no atendimento às mulheres, que no final da década de 1990 já eram mais de duzentas espalhadas pelo país. "Para mim, o feminismo representou um salto positivo. É, com certeza, a maior conquista da minha vida."

A Santa Fé do Sul ela volta até hoje para ver os pais, mas o primeiro grande retorno foi ainda na juventude, para sua festa de casamento. "Cumpri o ritual com o qual minha mãe sonhava." Com o marido, com quem ficou casada por três anos, montou uma escola particular em São Paulo. Mas a transformação social que buscava ia além da educação formal. Cada vez mais envolvida com as causas feministas, em 1985 foi convidada para assumir o cargo de secretária-executiva e diretora de Articulação Política no Conselho Nacional dos Direitos da Mulher, criado pelo primeiro presidente civil no país depois de vinte anos de regime militar. Atualmente, representa uma instituição feminista chamada Articulação das Mulheres Brasileiras no Conselho.

Schuma foi morar em Brasília e seu envolvimento com a política só cresceu. Em 1987, trabalhou ativamente no que ficou conhecido como "*lobby* do batom", estratégia que lutou pela inclusão dos direitos das mulheres na nova Constituição brasileira. Ela lembra como as militantes faziam para convencer os deputados a incorporar as reivindicações das mulheres no texto constitucional. "Montamos uma estrutura que acompanhava de perto a posição de cada parlamentar. Mantínhamos os grupos de mulheres nos estados informados e, muitas vezes, elas recebiam os seus deputados com faixas nos aeroportos para protestar ou aplaudir seu posicionamento." A estratégia também incluía o envio de telegramas para os gabinetes pedindo o apoio para a causa feminista.

No plano internacional, atuou em duas importantes conferências da ONU na década de 1990. A primeira foi a ECO-92, no Rio de Janeiro, quando, representando a organização não governamental REDEH, esteve na organização do Planeta Fêmea, espaço dedicado às mulheres na conferência. A outra atuação marcante se deu na Conferência Mundial da Mulher, promovida pela ONU e realizada em Pequim em 1995.

Sua paixão pela produção cultural levou-a a aceitar o convite para trabalhar com cinema, no Rio de Janeiro, cidade para a qual se mudou em 1988 e onde vive até hoje. Em 1991, entrou para a REDEH, organização não governamental em que integra a coordenação. "Gosto de desafios, de fazer um trabalho criativo, de construir coletivamente uma proposta. Acredito que é assim que se muda o mundo."

Foi na REDEH que ela ajudou a desenvolver o projeto *Mulher – 500 anos por trás dos panos*, ampla pesquisa sobre a contribuição das mulheres na História. Desse trabalho, nasceu o *Dicionário das Mulheres do Brasil* com a biografia de 850 mulheres que, de alguma forma, romperam com os padrões impostos ao feminino. O sucesso levou à preparação do segundo volume, que contará com mais mil trajetórias de brasileiras. Atualmente produz um livro sobre a participação das africanas e afro-descendentes na formação e desenvolvimento do país – *Mulheres Negras do Brasil*. Os livros têm o objetivo de valorizar a participação das mulheres na história da sociedade brasileira.

O feminismo me fez gostar de ser mulher

Marie Hippenmeyer/N Imagens

Silvia Pimentel

por *Patrícia Negrão*

Uma das recordações mais antigas de Silvia Pimentel remete ao ano de 1945. Tinha 5 anos e morava num bairro rico de São Paulo, vizinha de uma família de judeus alemães, quando presenciou a chegada da Europa de uma das filhas e dos três netos do casal. Sobreviventes da Guerra. Marcados pelo nazismo. A menor das três crianças tinha os olhos vedados. Perdera a visão.

"Desde pequena, sempre fui muito atenta ao sofrimento humano." A sensibilidade despertada na infância fez da adulta uma defensora dos Direitos Humanos. Advogada e professora de Filosofia do Direito da Pontifícia Universidade Católica de São Paulo (PUC-SP), Silvia usa o saber acadêmico e seu grande poder de articulação para combater as desigualdades, sobretudo contra as mulheres. Há mais de três décadas enfrenta temas espinhosos como legalização do aborto, violência doméstica, tráfico de meninas e adultas e fundamentalismo religioso. Exige justiça sempre que esta se faz ausente. "De que adianta a mulher ter conquistado o direito de votar e de se eleger a cargos políticos se a maioria ainda não tem direito à educação, à moradia ou a ser tratada dignamente quando fica doente?" Com perguntas como estas a profissional persistente e inquieta incomoda, Brasil afora, todos aqueles avessos a mudanças.

Brasileiras

Sua atuação em prol da mulher brasileira ultrapassou fronteiras. No início de 2005, ela assumiu a vice-presidência do Comitê CEDAW, a mais alta instância internacional de defesa dos direitos da mulher, fundado pela Organização das Nações Unidas (ONU) para fiscalizar o cumprimento da Convenção sobre Eliminação de Todas as Formas de Discriminação Contra a Mulher, de 1979. Indicada pelo governo brasileiro e por movimentos de mulheres para integrar o Comitê, Silvia foi entrevistada por delegações diplomáticas e eleita numa plenária composta por 177 países.

A advogada hoje reconhecida internacionalmente construiu lentamente sua carreira, iniciada somente depois de desfazer um casamento de dez anos e dar à luz quatro filhos. Silvia confessa que nos anos 1970 e início dos 1980 teve medo de ser considerada "mãezinha burguesa" pelas ativistas da época. "Com olhos arregalados, orelhas largas e boca calada" – apesar de se dizer tagarela desde menina –, foi consolidando seu espaço.

Filha de pais abastados e cultos, Silvia nasceu em Belo Horizonte e com 1 ano e meio mudou-se com eles para a capital paulista, onde cresceu e vive até hoje. Estudou em colégio tradicional de freiras e teve o privilégio, na adolescência, de passar um ano viajando com os pais e uma irmã pela Europa. "Eles alugaram nossa casa, venderam o carro e vivemos como ciganos de país em país, conhecendo museus, monumentos históricos e, principalmente, o povo dos diferentes locais." Silvia pôde também praticar as três línguas estrangeiras que naquela época já dominava: francês, espanhol e inglês.

De volta a São Paulo, ingressou na Faculdade de Direito da PUC-SP, mas interrompeu os estudos ao se casar, em 1962. Dedicou-se, então, à casa e aos filhos até que, em 1969, tomou a decisão de retomar o aprendizado interrompido. Enfrentou o marido que não aceitava "mulher fora de casa". Trocou a aliança pelo diploma.

Separada e formada em Direito, Silvia foi trabalhar como assistente do então professor André Franco Montoro, na PUC, ao mesmo tempo em que escolheu para tema de doutorado a evolução dos direitos da mulher no Brasil. Começou nos livros e cresceu na prática seu fascínio pelo movimento feminista. Ajudou a criar a Frente Nacional Feminista, uma organização que atuou, entre outras causas, pela democratização do país. Na época, Silvia não se conformava com o Código Civil vigente. "A desigualdade jurídica entre homens e mulheres era imensa. Um dos artigos, por exemplo, dava direito ao homem de anular o casamento se comprovasse, em até dez dias, que a mulher havia sido deflorada por outro." Em parceria com a advogada e cientista política Florisa Verucci, ela elaborou o Novo Estatuto Civil da Mulher, uma proposta de alteração do Código Civil entregue ao Congresso Nacional em 1981. "Nossas sugestões – que eliminavam todas as desigualdades – foram transformadas em dez projetos de lei. E incorporadas, praticamente na íntegra, ao novo Código Civil de 2002." Silvia ajudou também na formação do Conselho Estadual da Condição Feminina de São Paulo, criado em 1983 pelo então governador André Franco Montoro.

Autora de vários livros e incontáveis artigos sobre os direitos sociojurídicos da mulher, Silvia participou da formação de duas grandes redes internacionais: O IWRAW – International Women's Rights Action Watch (1986) e o Cladem (1987), Comitê Latino-Americano e do Caribe para a Defesa dos Direitos da Mulher. Coordena o Cladem/Brasil, no qual está à frente de importantes ações em parcerias com redes de mulheres e organismos governamentais de defesa de direitos humanos.

Ao voltar seu olhar para os mais de trinta anos de militância, Silvia reconhece os avanços, mas teme retrocessos, sobretudo nas áreas da sexualidade e reprodução. "Nós, ativistas, temos de ter paciência histórica, porque a mudança da mentalidade e do modo de agir de uma sociedade não ocorre de um dia para o outro."

A mulher ainda enfrenta discriminação no mundo todo

Nair Benedicto/N Imagens

Sueli Pereira Pini

por *Fernanda Pompeu*

Ela enfrenta as maresias do delta do Amazonas. Não é uma navegação fácil mesmo para estômagos acostumados. As ondas do rio castigam o costado do barco *Tribuna – A justiça vem a bordo*. O Amazonas não é um rio qualquer, é o maior do planeta em volume de água. Um rio metido a mar.

Ela não é peixe pequeno. É juíza de Direito, coordenadora dos Juizados Especiais Cíveis de Macapá, capital do Amapá. Apesar de levar a justiça para as populações ribeirinhas, por meio de um barco, seu nome não é Atena, nem Obá. Ela se chama Sueli Pereira Pini, nascida em Londrina, Paraná, no ano de 1960.

A filosofia que norteia seu trabalho é de clareza fulminante: "A justiça só é justiça se chegar para todos". Mas como alcançar populações, espalhadas na floresta, distantes uma infinidade dos centros urbanos e dos fóruns? "Ora, se as pessoas não podem ir atrás da justiça, a justiça tem que ir ao encontro delas". Simples assim. Verdadeiro assim.

O tribunal, que atende os ribeirinhos do Arquipélago de Bailique (185 km de Macapá, por via fluvial), é um barco de dois andares. Dentro dele, há sala de audiência, computadores, impressoras, máquina copiadora. Dentro dele, há

Brasileiras

uma juíza disposta a olhar com os ouvidos e a pensar com o coração. Sueli gosta de dizer: "Sentenciar é sentir".

O arquipélago chama-se Bailique porque, devido à agitação das águas na foz do Amazonas, suas oito ilhas "bailam". Os ribeirinhos, cerca de oito mil, moram em palafitas distribuídas pelas margens de incontáveis igarapés e furos. Eles sobrevivem com suas pescas e seus roçados de subsistência. Suas demandas são básicas: documentação, aposentadorias, benefícios, disputas de terra, brigas entre vizinhos.

Nos primeiros anos de magistratura, Sueli chegou a pensar em desistir da profissão. Não se sentia bem mandando pequenos infratores para a prisão, nem julgando vidas por meio de autos. Tinha necessidade de olhar, ouvir e falar com as pessoas. Ela é uma entusiasta da mediação de conflitos. Alguém que, no dia a dia, ressuscita a velha máxima do "conversando, a gente se entende". E não é esse, afinal, o princípio da civilização?

O que nos salvou de perder a juíza Sueli Pini foi a criação dos Juizados Especiais – bem mais próximos das pessoas, falando a linguagem delas. "Foi como se tivessem me tirado de um vaso e me plantado no campo! Abandonei a toga de pinguim. Deixei os muros do castelo que impedem de ver as ruas. Abracei com paixão a proposta da justiça em movimento e, portanto, para todos."

Partidária da reforma do Judiciário – que regulamenta a justiça iti-nerante –, Sueli enxerga a urgência de outra reforma: a do juiz! Na sua opinião, ele ou ela precisam ter um "choque de gente". O que é isto? Ver onde e como as pessoas vivem, ouvir suas necessidades. Informá-las e, se necessário for, ensiná-las acerca de seus direitos. Ela também gosta de repetir que, para pagar os servidores públicos, "o Estado tira comida da boca de muita gente". Em última instância, os juízes, servidores bem pagos, têm o dever de trabalhar muito e com qualidade.

Sueli Pini labora para valer. Mãe de cinco filhos, ela tenta esticar as irrisórias 24 horas do dia. Lidera uma equipe de funcionários e voluntários no Fórum de Macapá. Está à frente de projetos inovadores: atendimentos em praças públicas, nas periferias miseráveis da cidade, no lixão onde urubus disputam sobras com seres humanos.

Naturalmente, tantas ousadias atraem adversários. Gente que prefere que as coisas sigam como são. Mas, guerreira, ela avança no caminho. Sabe que "a vida é curta e a obra é longa". A ideia de uma justiça mais justa só vingará se contagiar as jovens gerações. Trabalhando para isso, Sueli também desenvolve o programa Justiça Preventiva na Escola, abrangendo alunos das redes pública e particular.

A cada jornada itinerante fluvial, quando o barco *Tribuna* deixa Macapá com destino a Bailique, a juíza arregimenta, com verve e entusiasmo, profissionais de outras áreas: médicos, assistentes sociais, educadores, artistas. Eles transformam o barco da Justiça em uma nau multidisciplinar. São pessoas dispostas a enfrentar as dozes horas de um rio caprichoso, a dormir em redes enfileiradas e a sofrer com picadas de mucuins.

Tudo isso para quê? Para servir aos cidadãos. Para informar às pescadoras, aos lavradores, aos fazedores de canoas e barcos que eles têm direitos, que pertencem a um país com uma Constituição. Informá-los que o Estado brasileiro tem para com eles uma amazônica dívida social.

Não pensem que as coisas engasgam no gogó. Sueli e sua equipe não discursam, fazem. Fazer constituído de escuta, diálogo e ações. O barco atraca na primeira ilha. Logo depois, os igarapés se enchem de canoas, o Amazonas se colore com o trânsito dos pequenos barcos. Os ribeirinhos pulam dentro do *Tribuna*. Às vezes são famílias inteiras. A bordo, a Justiça e a juíza esperam por eles.

Acredito que as escolas de Direito deveriam ter uma
disciplina chamada Gente

Bob Wolfenson

Therezinha Zerbini

por *Fernanda Pompeu*

Os pés no solo da pátria amada. Os pés na velha rua, na antiga casa. Os pés de volta aos empregos e às universidades. Os pés fora das prisões, dentro das seções eleitorais. Os pés correndo ao encontro da esperança. A Lei da Anistia, promulgada no 28 de agosto de 1979, pôs os pés do Brasil no caminho da redemocratização. Para consegui-la, cidadãos haviam ido às ruas, receberam gases lacrimogêneos nos olhos e cacetadas nas costas, na cabeça, nos pés. Muitos acabaram fichados no Departamento de Ordem Política e Social (DOPS). Não obstante, a plenos pulmões, seguiram gritando: *"Pela Anistia ampla, geral e irrestrita!"*

Uma das principais responsáveis pela mobilização nacional e pela vitória do perdão político, atende pelo nome de Therezinha de Godoy Zerbini. Ela foi mentora e figura de proa do Movimento Feminino pela Anistia. "O que me moveu foi a indignação. Doía ver uma geração inteira massacrada pelo autoritarismo." Aliás, indignação e pensamento livre são fundamentos da personalidade dessa cidadã nascida em 1928.

Aos 17 anos, ela foi internada em um sanatório para tuberculosos. O médico a proibiu de abrir a janela, tomar ar, sair do quarto. No outro dia, ela olhou-se no espelho e levou um susto: "Eu era a sombra de mim mesma". Decidiu: já que morreria, ao menos o faria com dignidade. Abriu a janela

Brasileiras

deixando o ar circular, encheu a banheira e tomou um prolongado banho. Penteou-se esmeradamente e foi passear pelos corredores. O doutor, ao saber da insubordinação, ficou histérico e começou berrar com Therezinha. Ela não teve dúvida: expulsou o médico do quarto. "Deixei claro para ele que eu não funcionava a gritos."

Therezinha se curou e tempos depois casou-se com o futuro general Euryale Zerbini, falecido em 1982. Tiveram dois filhos e foram tocando a vida. Ele mexendo em política, ela toda ouvidos. "Então chegou a quartelada e meu marido foi cassado no primeiro ato institucional." Quartelada foi o Golpe Militar de 1964, responsável pelo mergulho do país, por mais de vinte anos, no bordão do "cala a boca ou esteja preso".

O casal Zerbini não se intimidou. Solidários, transformaram sua residência, na capital paulista, em uma espécie de guarida para perseguidos da ditadura. "Nossa casa se abria para todos que precisavam. Estava com fome, comia. Precisava dormir, dormia. Necessitava de dinheiro, a gente tentava dar um jeito." Até que o cerco se fechou, Therezinha Zerbini foi presa em 1970. Passou três meses incomunicável. Dentro da cela, a palavra Anistia começou a rondar sua cabeça. Fora das grades teve de esperar, mas nunca desistiu da ideia.

O momento propício surgiu em 1975. Reunindo coragem e astúcia, somadas ao estímulo do general Zerbini, ela deu a largada para o Movimento Feminino pela Anistia. Nessa altura, as organizações políticas eram terra arrasada. "Não podia sindicato, não podia grêmio, não podia nada." Daí, ela imaginou o quanto seria difícil para a ditadura reprimir um grupo formado por donas de casa, mães, mulheres insuspeitadas. O próprio machismo dos militares e de seus civis anexos minimizaria o poder de fogo de um grupo de senhoras.

Acertou na mosca. O Movimento Feminino pela Anistia cresceu. Para aumentar a rede, ela pôs o pé na estrada. Foram criados núcleos na maioria dos estados brasileiros. Onde houvesse uma tribuna, ela falava. Com a língua solta, martelava para ouvidos sensibilizados ou moucos: "Só a Anistia unirá os cidadãos brasileiros. Precisamos curar as feridas para seguirmos em frente".

Seguir em frente era reinventar a democracia brasileira. Processo que só se consolidaria com a Constituição de 1988. Mas não resta dúvida e a História confirma: o Movimento Feminino pela Anistia foi a aurora das liberdades democráticas. Ele não apenas favoreceu as vítimas do regime de exceção. Também oxigenou organizações populares, atraiu muitas mulheres para a esfera pública e inspirou novas modalidades de fazer política.

Hoje, com mais de 70 anos de feitos e de histórias, a advogada Therezinha Zerbini é, ao mesmo tempo, lendária e de carne e osso. Chamada de a "Dama da Anistia", ela sabe que há necessidade de seguir lutando se quisermos um Brasil menos desigual e mais respeitoso com seu povo. "Eu sou uma mulher de trabalho." Ela integra o diretório nacional do Partido Democrático Trabalhista (PDT) e é vice-presidente da Confederação de Mulheres do Brasil.

Sintonizada com as questões emergentes, em 2000, ela fundou o Instituto Aberto Redenção das Águas (Iara) – organização não governamental voltada para o cuidado e a preservação do "ouro do futuro". Na sua opinião, ter ou não ter água potável implicará em seguir existindo ou não a espécie humana.

Therezinha Zerbini, avó de duas meninas, afirma detestar dogmatismos e fazedores de cabeças alheias. "Todo mundo tem o direito de pensar por conta própria." Foi seu amor à liberdade que ajudou o país a reencontrar a democracia e, a partir daí, reacender a esperança de um dia tornar-se uma irmandade cidadã.

Sou uma mulher de espírito livre

Nair Benedicto/N Imagens

Vanete Almeida

por *Patrícia Negrão*

Desrespeitadas, isoladas, invisíveis para a sociedade. Foi como Vanete Almeida encontrou as agricultoras do Sertão Central de Pernambuco no início dos anos 1980, época em que começou a atuar nos sindicatos dos trabalhadores rurais da região. Única mulher em um espaço dominado por homens, ela rompeu o machismo e partiu para a mobilização das mulheres no campo. Foi buscar parceiras dentro das casas.

Caminhava longas distâncias, de roça em roça. Batia de porta em porta. Era recebida com olhares envergonhados, desconfiados. Retribuía com seu sorriso largo e jeito simples de agir. Vanete ouviu quem nunca era ouvida. E à medida que essas mulheres iam se abrindo, percebeu que elas, esquecidas em suas roças, trabalhadoras do alvorecer ao anoitecer, não se sentiam donas nem dos próprios corpos. "O corpo era para a enxada, para o marido, para os filhos." Desenvolveu, então, uma metodologia para abordar temas como sexualidade, educação e passou a dar cursos para as agricultoras.

Nos primeiros encontros, apareceram menos de uma dúzia. Vanete foi, aos poucos, conquistando mais interessadas. "Eu tinha muito cuidado para não oferecer nada pronto." Discutiam sobre tudo: desde como cuidar das

Brasileiras

galinhas e não desperdiçar feijão e milho até sobre o direito de a mulher sentir prazer na cama.

As agricultoras começaram a perceber que, mesmo isoladas em suas roças, eram cidadãs com direitos trabalhistas e públicos. Maria Silva, uma das lideranças formadas por Vanete, tem gravado na memória o dia em que chegou à primeira reunião. "Eu mal falava e, quando falava, a voz nem queria sair." Hoje, ela sabe quais são seus direitos, briga por eles e repassa o que aprendeu na sua comunidade. "Não sou mais aquela Maria trancada e oprimida."

Desde menina, Vanete testemunhou a dura resistência das trabalhadoras rurais aos males da seca. Filha de um gerente de uma fábrica de sisal, ela nasceu em Cachoeira, interior de Pernambuco, e foi criada na cidade pela avó. Não lidava na terra, mas fazia parte de um grupo voluntário de educação política da Igreja Católica que orientava famílias rurais. Em companhia de uma freira, ia para as roças conversar com as pessoas. "Eu conheci muitas famílias que davam duro na enxada das cinco da manhã até o anoitecer e mal tinham o que comer." Em 1980, ela assumiu o cargo de assessora da Federação dos Trabalhadores na Agricultura de Pernambuco (Fetape). Passou, então, a dedicar todo seu tempo à organização sindical e a buscar a adesão das mulheres.

Naquela época, a região sofria com uma longa seca. Vanete liderou um grupo de agricultoras que reivindicou do governo federal a inclusão de mulheres nas frentes de emergência, programa que até então só dava emprego a homens. Elas conquistaram o direito de se alistar e trabalhar em obras públicas. "Isso facilitou nosso contato com as agricultoras, pois encontrávamos trezentas, quatrocentas de uma só vez", recorda. Vanete e sua equipe percebiam, então, quais tinham mais aptidão para liderança e davam cursos a elas, que repassavam as informações em suas comunidades. Surgiu assim o Movimento da Mulher Trabalhadora Rural (MMTR).

Em 1984, o Movimento organizou o Primeiro Encontro de Mulheres Rurais do Sertão Central, no qual foram discutidos, além de direitos trabalhistas, temas específicos como higiene, educação para os filhos, métodos contraceptivos e doenças sexualmente transmissíveis. Ao final da reunião, elas elaboraram um relatório, que distribuíram nos sindicatos de Pernambuco.

Um ano depois, ocorreu em Brasília o IV Congresso Nacional de Trabalhadores Rurais, composto praticamente só por homens. Vanete e suas parceiras elaboraram o documento "Proposta para aumentar a participação de nós mulheres, trabalhadoras rurais, no nosso movimento sindical". Fizeram cinco mil cópias, lotaram cinco ônibus e desembarcaram na capital federal, onde entregaram o documento aos congressistas.

Em outros estados, as agricultoras também começavam a se organizar. O Primeiro Encontro da Mulher Trabalhadora Rural do Nordeste ocorreu em 1987, na Paraíba. Compareceram militantes de várias regiões. Unidas, elas começaram a conquistar direitos como título de terra – antes da Constituinte de 1988, somente o homem podia ser proprietário –, aposentadoria, salário-maternidade, entre outros. Hoje são cerca de oitocentos grupos de mulheres no Nordeste e elas – que até pouco tempo nem carteira de identidade possuíam – dirigem sindicatos, coordenam encontros e continuam militando por mais direitos.

A persistência e o entusiasmo de Vanete chamaram a atenção do Brasil e do mundo. Ela atualmente coordena a Rede de Mulheres Rurais da América Latina e Caribe, a qual articula grupos de 25 países. Iniciada em 1990, a Rede propõe e encaminha políticas públicas voltadas para a mulher do campo. Por meio de palestras e atividades de formação, Vanete também leva sua experiência a países da América Latina e Europa. Viaja muito, mas quando está no Brasil continua fazendo o que lhe dá mais prazer na vida: reuniões com as camponesas de sua região. "Enquanto houver gente sem terra e mulher sem voz, estarei lá."

As agricultoras viviam só para os filhos e para a roça.
Hoje são lideranças em todo o país

Nair Benedicto/N Imagens

Zenilda Maria de Araújo

por *Patrícia Negrão*

"Acolhe teu filho, minha mãe Natureza. Ele não vai ser sepultado. Vai ser plantado para que dele nasçam outros guerreiros." No dia 21 de maio de 1998, ao som dos maracás – chocalhos indígenas –, Zenilda Maria de Araújo enterrou o marido assassinado. "Os fazendeiros mataram Xicão para nos amedrontar e acabar com nossa luta." Ao contrário, os xukurus se uniram ainda mais.

Considerada a mãe dos xukurus de Ororubá, Zenilda é uma liderança fundamental no resgate da cultura e do território dessa etnia do agreste Pernambucano. Até 1998, conscientizou os índios sobre seus direitos e formou lideranças ao lado do marido, o cacique Xicão.

Naquele ano, perdeu o companheiro mas não a coragem. A pedido de seu povo, Zenilda continuou à frente das retomadas de terra e da valorização dos rituais e costumes dos xukurus. Seu filho, Marcos, na época com 19 anos, foi nomeado o novo cacique. Agora ao lado dele, ela continuou a reunir e mobilizar seu povo. As ameaças antes dirigidas ao pai voltaram-se para mãe e filho. Em fevereiro de 2003, tentaram matar Marcos numa estrada. Dois jovens indígenas que o acompanhavam perderam a vida. O filho de Zenilda sobreviveu, embora ferido. "Morreremos lutando, mas não morreremos de braços cruzados."

Brasileiras

Voz tranquila, gestos serenos, decisões firmes. Há cinco anos, Zenilda toma algumas precauções para não ser assassinada em alguma emboscada. Deixou de fazer compras na cidade e só sai da aldeia em companhia de mais pessoas. Por ser uma das representantes da Articulação dos Povos Indígenas do Nordeste, Minas Gerais e Espírito Santo (APOINME) é sempre convidada para participar de assembleias ou encontros indígenas em Recife ou outros estados. Quando mataram Xicão, ela percorreu o país exigindo de políticos punição para os assassinos. "Apenas um deles foi preso e encontrado morto na cela depois de anunciar que iria dizer quem eram os outros envolvidos no crime."

Hoje, Zenilda passa a maior parte do tempo com seu povo. Seu dia a dia é caminhar de aldeia em aldeia na serra de Ororubá, município de Pesqueira, no interior de Pernambuco, onde vivem os nove mil xukurus divididos em 24 aldeias. Conversa com as famílias, está sempre presente nas reuniões mensais dos agentes de saúde, dos professores e da comissão de lideranças – cada aldeia tem um representante e tudo é decidido coletivamente nesses encontros. E não perde, aos domingos, a Dança do Toré, ritual de louvor a Tupã e aos antepassados, proibido durante séculos e recuperado graças à iniciativa e à persistência de Zenilda, Xicão e do pajé dos xukurus.

Na década de 1980, os três iniciaram uma mobilização contra o preconceito e pelo resgate da cultura e do território de seu povo. Os xukurus se organizaram e conseguiram de volta parte da área. "Nossa terra deve ser zelada e preservada para a sobrevivência de todos os que vivem nela, e não transformada em objeto de especulação, de negócio."

A primeira retomada aconteceu em novembro de 1990, na aldeia Pedra D'Água. "Os fazendeiros e posseiros estavam desmatando nosso território, cobrindo tudo de capim para gado." A vitória fortaleceu os xukurus. "Antes, nossas crianças morriam desnutridas." Depois da posse da terra, elas passaram a crescer com saúde. "Os pais agora têm roça para plantar e lugar para criar uma cabra que lhes dê leite."

Outra grande conquista foi a construção de escolas indígenas nas aldeias. Os alunos aprendem, além de português, a língua indígena.

Zenilda Maria de Araújo

Nas aulas de história, por exemplo, é ensinado que o Brasil foi invadido pelos portugueses – e não conquistado – e a terra retirada de seus ancestrais. "Desde pequenos, os xukurus são estimulados a valorizar sua etnia e cultura."

Realidade bem diferente da época em que Zenilda e Xicão eram crianças. Ambos nasceram na Aldeia Cana Brava, em 1950. Quando completaram o 4º ano na escola da aldeia, foram obrigados a abandonar os estudos porque não havia escola próxima nem transporte coletivo que os levassem até a cidade, distante 9 km da aldeia. A terra de seus pais era pouca para a roça, o que obrigava a família a trabalhar, por míseros trocados, para os fazendeiros.

Dos costumes e rituais, Zenilda só ouvia histórias da avó. "Tudo era proibido." Quando Zenilda e Xicão completaram 19 anos, se casaram. Em 1970, com cinco dos sete filhos já nascidos, Xicão mudou-se para São Paulo, onde arrumou emprego como caminhoneiro. A mulher permaneceu na aldeia, cuidando das crianças, lidando na roça e participando dos trabalhos comunitários na igreja.

Ao retornar depois de três anos longe da família, Xicão foi nomeado cacique da tribo. Ele, Zenilda e o pajé começaram, então, a caminhar pelos povoados explicando aos índios seus direitos. Marcavam reuniões, dançavam o Toré, faziam orações aos antepassados.

Em duas décadas de constante mobilização viveram duras perdas, mas também alcançaram conquistas. Até 1984, havia cerca de 280 ocupações de não índios dentro da área xukuru, hoje restam por volta de noventa propriedades em mãos de fazendeiros, a maioria pecuaristas. Zenilda tem consciência de que a luta ainda é longa. A semente plantada por ela e Xicão, no entanto, floresceu. Os jovens hoje têm orgulho de ser xukuru.

A terra é nossa mãe

Dudu Cavalcanti/N Imagens

Zezé Motta

por *Carla Rodrigues*

O sorriso franco, combinado com um olhar forte e doce, são as boas-vindas dessa mulher que parece receber o mundo de braços abertos. De uma beleza incomum, porque fora dos padrões, a atriz Zezé Motta carrega na voz o tom suave com que cantava para embalar as tardes de trabalho na juventude. Quando ajudava a mãe costureira, Zezé repetia músicas que, ouvidas no rádio por duas vezes, já estavam decoradas. Foi ao perceber essa aptidão que o pai, músico e professor de violão, revelou-lhe a vocação de cantora. Voz naturalmente empostada, aprimorada depois em aulas de canto, Zezé inaugurou a carreira de atriz num musical.

Criada na zona sul carioca desde menina, Zezé nascera em 1944, em Campos, no extremo norte do estado. Logo que chegaram ao Rio de Janeiro, seus pais instalaram-se no morro do Cantagalo, em Ipanema. Mas um episódio de violência sexual contra a filha de uma vizinha, que testemunharam, acabou com a vontade de criá-la na favela. Por isso, quando tinha 3 anos, Zezé foi morar com os tios em Botafogo, num edifício onde o tio era porteiro. (Ali talvez tenha conhecido suas primeiras amizades estáveis, entre as meninas do prédio com as quais brincava. Quando estreou no teatro, em 1966, em *Roda Viva*, de Chico Buarque, dirigida por José Celso Martinez

Brasileiras

Corrêa, descobriu que entre as suas amigas desse primeiro momento da infância carioca estava a atriz Marieta Severo. Tinham perdido o contato quando Zezé trocou a casa dos tios por um colégio interno, onde estudou nos anos que restavam de infância, e reencontraram-se no teatro.)

Aos 12 anos, Zezé voltou a morar com os pais, já instalados num pequeno apartamento no Leblon. Zezé ajudava a mãe de dia. À noite, fazia o ginasial numa escola experimental criada por setores progressistas da Igreja Católica numa comunidade pobre do Rio. Era a Cruzada São Sebastião, conjunto de edifícios em Ipanema para onde haviam sido transferidos os moradores da favela Praia do Pinto.

Zezé acha que foi ali que se voltou politicamente para a esquerda. Viu muita pobreza e desigualdade, o que fazia com que se sentisse privilegiada. Ativa participante do grêmio estudantil, foi como aluna dedicada que começou a ter contato com o teatro. E com o racismo. Quando entrou para o curso de teatro do Tablado ouviu da vizinha: "Não sabia que para fazer papel de empregada precisava de curso". (Mais tarde, quando foi trabalhar na TV, deu-se conta do que ela estava falando. Ainda assim, aceitou muitos desses papéis por necessidade.) Entre os 15 e os 20 anos, trabalhou num laboratório farmacêutico, conciliando essa atividade com o canto e o curso de teatro. Formou-se em Contabilidade, enquanto a paixão pelo teatro ainda não lhe garantia uma carreira sólida.

Os primeiros dez anos como atriz, de fato, não foram fáceis. Até que, em 1977, Zezé explode nas telas do cinema nacional no papel de protagonista em *Xica da Silva*, filme de Cacá Diegues que a projetou no Brasil e no exterior. Aí começou a entender melhor a dimensão do racismo na sociedade brasileira. Nas três entrevistas que dava por dia era instada a falar sobre a questão racial. "Foi quando percebi que o racismo era um problema a ser enfrentado."

Mergulhou de cabeça no tema. Com Lélia Gonzalez, fez um curso sobre Cultura Negra, na Escola do Parque Lage. Das aulas, lembra-se especialmente da frase: "É uma questão séria, mas não temos tempo para lamúrias, temos que arregaçar as mangas". As palavras da professora soaram como uma convocação. Zezé tornou-se mais atenta ao problema do racismo. Dos diretores e produtores passou a cobrar maior visibilidade do negro nos espetáculos, mas a resposta que ouvia era sempre a mesma: não há atores ou talento suficientes.

Para não ficar apenas na queixa, partiu para a ação. Montou um banco de dados com informações sobre atores negros com o objetivo de estabelecer contatos entre produções e mão de obra. Percebeu que era preciso mais. Em 1984, fundou a organização não governamental Centro de Informação e Documentação do Artista Negro (Cidan), que há dez anos promove o curso de teatro "A arte de Representar Dignidade". A formação em Artes Cênicas é destinada a adolescentes que estejam matriculados em escola regular. Itinerante, o projeto vai às comunidades e trabalha também autoestima, cidadania e emoção, matérias-primas do ator.

Foi com emoção, aliás, que em 2005 voltou à Cruzada São Sebastião. Foi promover um curso de Artes Cênicas no mesmo lugar onde havia estudado. Hoje, Zezé vive num apartamento na Lagoa Rodrigo de Freitas, a alguns quarteirões de distância da Cruzada.

Orgulha-se das cinco filhas adotadas, uma delas já adolescente, ex-menina de rua e aluna de um dos cursos promovidos pelo Cidan. Tem três netos, uma legião de amigos e um *hobbie*: cozinhar, mais um dos seus inúmeros gestos de amor e doação.

Paz é diminuir desigualdades, em todos os sentidos

Lina Faria/N Imagens

Zilda Arns Neumann

por *Fernanda Pompeu*

Ela tinha 10 anos, quando a madre superiora do Colégio bradou: "Não amarrem as asas da Zilda. Deixem-na livre". Não sabemos quantos escutaram a madre. Mas a menina ouviu e fez da liberdade seu anjo da guarda. "Sentir-se livre é o fundamento para a realização de um bom trabalho."

Zilda Arns Neumann, além de médica, é fundadora e coordenadora de uma incrível fábrica de solidariedade. Fábrica que congrega mais de 240 mil voluntários, entre eles, 90% de mulheres. A missão: salvar a vida de crianças de 0 a 6 anos. A estratégia: partilhar conhecimentos e saberes. A filosofia: irmanar fé e vida. A abrangência: 37 mil comunidades em 3,800 municípios espalhados por todo o país.

O nome da fábrica de solidariedade é Pastoral da Criança – organismo social da Conferência Nacional dos Bispos do Brasil (CNBB). A ideia da organização nasceu de uma conversa entre Zilda e seu irmão dom Paulo Evaristo Arns. Eles conversavam acerca do que poderia ser feito para ajudar a frear a mortalidade infantil no Brasil.

Zilda não perdeu tempo, com o apoio do Fundo das Nações Unidas para a Infância (Unicef), implantou um projeto piloto em Florestópolis, estado do Paraná. A cidade tinha o alarmante índice de 127 mortos para

Brasileiras

mil nascidos vivos. A experiência foi um sucesso. Zilda então defendeu, em uma reunião da CNBB, a implantação do projeto em escala nacional.

Em 1984, nascia a Pastoral da Criança que, anos mais tarde, exportaria seu modelo para outros países da América da Latina, da África e da Ásia. Mas o sucesso de hoje teve detratores ontem. Houve quem menosprezasse o trabalho por ser voluntário, por ser "coisa de formiguinhas". Houve quem afirmasse que diminuir a mortalidade infantil era dever do Estado. Houve quem desqualificasse a Pastoral, chamando-a de igrejeira.

Acreditando na criatividade das pessoas e na construção de uma cultura de solidariedade, Zilda Arns foi neutralizando, um a um, seus opositores. A todas as críticas, ela respondia mostrando números. "Ninguém contesta um bom resultado." O fato é que, nas comunidades assistidas pela Pastoral da Criança, a mortalidade infantil declinou sensivelmente.

Declinou porque a proposta da Pastoral compromete, de corpo e alma, gente da própria comunidade. Não distribui pão, óleo de cozinha, feijão. A Pastoral da Criança partilha e multiplica informações acerca de nutrição, higiene, saúde para gestantes e crianças. Paralelamente, sustenta programas de alfabetização de jovens e adultos. "Vamos muito além do bê-à-bá, ensinamos cidadania."

No pensamento de Zilda Arns, cidadania e esperança andam de mãos dadas. "Sem esperança, não há força para sair da pobreza." Sem cidadania, "não há consciência para cobrar direitos". Força e consciência são suas velhas conhecidas. Nascida em 1934, ela passou a infância em Forquilhinha, interior de Santa Catarina. "Era uma comunidade organizadíssima. Ninguém passava fome." Ela conta que todos ajudavam a erguer a casa de todos: "Com jardim na frente e quintal atrás".

Ao lado do exemplo de Forquilhinha, ela também inspirou-se nos pais. Sua mãe era conhecedora de medicina caseira, fazia curativos e dava conselhos de saúde. "Ela era uma líder comunitária perfeita." Do pai, Zilda herdou o destemor às críticas: "Ele dizia que precisamos ter 30% de opositores para nos sentirmos felizes".

Católica, Zilda considera a família um bem sagrado. O que não a impediu de fazer o marido, já falecido, prometer que não interferiria em sua vida profissional e em sua liberdade. Ele cumpriu a promessa e colaborou com o cuidado da casa e com a educação dos cinco filhos. "Com frequência eu viajava e ele assumia as crianças."

Hoje, os meninos são adultos. Hoje, a médica Zilda Arns Neumann é reconhecida, em boa parte do mundo, como autoridade em segurança alimentar para crianças. Ela acumula responsabilidades. Além de coordenar a Pastoral da Criança, representa a CNBB no Conselho Nacional de Saúde. Integra o Conselho Nacional de Segurança Alimentar. Também preside a Comissão Intersetorial de Saúde Indígena e a Pastoral da Pessoa Idosa.

Tanto trabalho não assusta essa mulher de fé. Disciplinada, enfrenta jornadas de até quatorze horas. Ela conta que, na infância, acordava cedinho para ordenhar vacas. "O que uma pessoa aprende quando pequena, não esquece nunca mais." Possuidora de notável talento administrativo, Zilda poderia ter feito dinheiro na iniciativa privada. Mas isso nunca passou por sua cabeça.

Seu compromisso é o de ajudar as pessoas, preferencialmente as mais pobres. Crianças pobres são salvas por receitas nutricionais da Pastoral da Criança. Fazer o pão enriquecido aproveitando as verduras, fazer farinha de banana. Tirar do pouco o máximo.

Para Zilda, nada no mundo substitui a alegria do Dia do Peso – prática usada pela Pastoral semanalmente. "Uma vez vi crianças sendo pesadas debaixo de uma árvore, com a balança amarrada em um galho." Para ela, ver crianças ganhado peso é a expressão terrena e divina da celebração da vida.

Eu faço o que posso e peço a Deus que faça o resto

Dudu Cavalcanti/N Imagens

Zuleika Alambert

por *Carla Rodrigues*

Todos os dias, quando caminha cedinho no calçadão da praia do Leme, no Rio de Janeiro, Zuleika Alambert, 83 anos, passa despercebida entre as muitas senhoras que se exercitam ao sol ameno das manhãs na orla carioca. Baixinha, olhos miúdos, não há nela traço visível da sua ainda hoje intensa militância feminista. Ao passear pelo bairro, costuma conversar e distribuir ânimo para as vizinhas, mulheres da sua idade. "Como elas sempre foram donas de casa, chegam ao fim da vida desanimadas". Zuleika mantém firme o vigor político. "Nunca parei a minha atividade, nem quando fui cassada. Sempre trabalhei pela paz, em defesa da soberania nacional e pelos direitos humanos, pela liberação de todos os oprimidos."

A disposição para a política vem de longe. Zuleika nasceu em Santos, São Paulo, em 1922. Aos 22 anos já estava filiada ao Partido Comunista Brasileiro, legenda pela qual, aos 25, conquistou seu primeiro mandato de deputada estadual, graças aos votos dos estivadores. Com eles fez boicotes a navios estrangeiros durante a Segunda Guerra Mundial. Foi militando contra a guerra, o nazismo e o Estado Novo que Zuleika embarcou na vida política.

Perdeu o mandato em 1948, após a cassassão do registro do PCB. Passou para a clandestinidade, mas nem por isso diminuiu o ritmo. Na década de 1950, foi secretária-geral da Juventude Comunista, cargo que a levou pela primeira vez à União Soviética. Lá cursou o Intensivo de Economia, Filosofia e História do Movimento Operário Internacional. Nos anos 1970, no Chile, Zuleika ajudou a recepcionar exilados brasileiros que fugiam da ditadura militar. Com a queda do governo de Salvador Allende, buscou exílio em Paris, onde criou o Comitê de Mulheres Brasileiras no Exterior. E ali começaram seus primeiros contatos com as feministas na Europa.

São lembranças ainda muito vivas na memória desta mulher que foi casada duas vezes. "Nunca permiti que marido me atrapalhasse a vida e escolhi não ter filhos." Com o primeiro marido decidiu viver junto sem formalizar a união. Com o segundo, casou-se, mas assinou a papelada a contragosto. "Sempre fiz questão de manter minha liberdade." Hoje ela mora sozinha no seu apartamento do Leme, de onde vê o sol nascer todos os dias. "Tenho uma necessidade muito grande de comunhão com a natureza."

Cumprir essa trajetória política exigiu de Zuleika rupturas em sequência. A primeira, com o pai, que não a queria na política. "Mas eu não abri mão do meu mandato. Tinha dentro de mim uma intuição. Com a política me realizei desde o começo." Outra ruptura importante na sua carreira de militante foi com o PCB, depois de quase quarenta anos de filiação. Em 1983, já de volta da Europa, deixou o partido. "Tinha uma série de discordâncias e estava a fim de servir a todas as mulheres que precisassem."

A entrada da causa das mulheres na sua militância começou em 1943, quando ajudou a criar a Associação Feminina pela Cultura da Mulher, na cidade paulista de São Vicente, e os departamentos femininos dos Comitês Populares Pró-Democracia. Aos poucos, as mulheres foram ganhando mais espaço na agenda política de Zuleika. Nos anos 1980, integrou a Frente de Mulheres Feministas e participou da criação do Conselho Estadual da Condição Feminina de São Paulo, no qual ocupou vários cargos, inclusive a presidência (1986/87). O interesse pela causa das mulheres

Zuleika Alambert

veio da percepção de que a desigualdade política e a econômica não estarão resolvidas enquanto a mulher ocupar o papel de segundo sexo na sociedade e os problemas essenciais do planeta não estiverem resolvidos.

A busca por igualdade não foi interrompida nem pelos inúmeros problemas de saúde que Zuleika já enfrentou. Na década de 1970 teve retirado um rim e, na cirurgia, contraiu hepatite C, doença com a qual convive até hoje. Há dois anos esteve internada com a vida por um fio. Superado o período crítico, deixou o hospital, voltou para casa e, além das caminhadas matinais, faz terapia e acupuntura, prefere a alimentação natural e continua estudando. O tema de interesse no momento é física quântica, sobre o qual discorre com a mesma vitalidade com que fala do passado.

Desde 2004 ela está às voltas com os muitos eventos de lançamento do livro *A mulher na história, a história da mulher*, coletânea de ensaios, palestras e conferências editado pela Fundação Astrojildo Pereira, instituição criada por intelectuais com raízes no PCB. A impressão do livro, em papel reciclado, sinaliza a atual preocupação de Zuleika: o ecofeminismo. Sua atuação está voltada para o meio ambiente, a natureza e os animais – até poucos meses sua única companhia era um gato, que morreu aos 14 anos e deixou Zuleika abatida. "Enquanto eu tiver um fio de vida eu vou dando para essas causas." Vida, no cotidiano de Zuleika, é o que não falta.

*A mulher não estará livre enquanto a questão
ambiental não estiver resolvida*

1000 Mulheres para o Prêmio Nobel da Paz 2005

O cuidado com o bem estar pessoal, o estar bem com o outro e com a natureza à nossa volta tem feito parte da história da **Natura** desde sua fundação. Acreditamos que cada um, à sua maneira, pode contribuir para a construção de uma sociedade mais justa, igualitária e fraterna para todos. Essa crença nos aproximou dessas 52 mulheres exemplares que, de forma inequívoca, fazem a diferença em suas comunidades.

Contar a trajetória das 52 mulheres brasileiras incluídas nesse grupo é também retratar um pouco da história recente do Brasil. O direito dos índios e dos negros, o acesso à educação e à saúde, o ativismo sindical e comunitário, a promoção dos direitos humanos e da preservação ambiental inspiram a luta coletiva pela paz.

Essas brasileiras são protagonistas na construção de um novo olhar, que vê na paz algo além da oposição à violência. Ao promover cotidianamente a cultura da paz, elas estimulam a cidadania como veículo para um mundo menos desigual e mais digno. Isso implica em fazer valer os direitos sociais estabelecidos, em buscar o entendimento, em ter na ética a base para todas as ações e relações.

Dar voz a essas mulheres é dar voz a um Brasil acolhedor, diverso, criativo, forte e esperançoso. É homenagear a luta diária de milhões de brasileiras e reconhecer sua importância em nossa sociedade. Por tudo isso, o Brasil deve se orgulhar de contar com um time de mulheres que não apenas constróem e engrandecem a nossa história, como também nos trazem esperança na possibilidade de uma nova realidade. Que a vida das 52 mulheres retratadas neste livro que você acabou de ler sirva de inspiração e modelo para as futuras gerações.

Afinal, as causas que elas defendem pertencem a todos nós, que fazemos parte da grande comunidade humana.

Pelo fim das discriminações de gênero

A **Petrobras**, ao longo de sua história, tem se comprometido com as práticas de responsabilidade social e ambiental. Este compromisso está incorporado na missão da Companhia, tão relevante e imprescindível quanto o crescimento e a rentabilidade.

Dentro deste campo, a Petrobras entende a importância do reconhecimento às 52 brasileiras selecionadas para integrar o grupo de mil mulheres de todo o mundo, indicadas ao Prêmio Nobel da Paz 2005. É com orgulho que a Companhia patrocina a realização do livro *Brasileiras Guerreiras da Paz (Projeto 1000 Mulheres)*, uma homenagem à luta dessas mulheres pela cidadania, por uma sociedade mais justa.

Entre outras ações desenvolvidas, destaca-se o primeiro processo de seleção pública do Programa Petrobras Fome Zero, que contemplou 73 projetos sociais de todo o Brasil. Deste total, 11 deles são dirigidos às mulheres.

Por atuar pelo fim das discriminações de gênero, a Petrobras paga salários e oferece benefícios idênticos a homens e mulheres que exercem a mesma função dentro de um mesmo nível hierárquico. Com a elaboração do Plano Nacional de Políticas para as Mulheres e com a formação do Comitê de Gestão de Responsabilidade Social e Ambiental da Petrobras, foi possível a criação da Comissão de Gênero, coordenada

Brasileiras

pela Ouvidoria Geral e responsável por estabelecer um ambiente ideal para a plena cidadania das mulheres ao adaptar as políticas da Companhia a essa questão.

O fim das discriminações de gênero ou de qualquer outra natureza é um desafio que a Petrobras enfrenta com decisão e, através da participação de todos, homens e mulheres, pode se tornar realidade.

Wilson Santarosa
Gerente Executivo
Comunicação Institucional da Petrobras